今日も
言い訳しながら
生きてます

ハ・ワン＝文・イラスト
岡崎暢子＝訳

ダイヤモンド社

プロローグ

言い訳しながら生きたらラクだ

僕の本を読んで、読者はどう思ったのだろう。

初のエッセイ『あやうく一生懸命生きるところだった』が出版されてからというもの、連日エゴサーチにいそしんだ。

なんとも夢みたいだ。絶対に大コケすると思っていた本が、ここまで多くの人の共感を得られるなんて。

もちろん、寄せられたのは共感だけじゃない。苦言もまあまあいただいた。僕の文章に降り注いだバッシングをまとめると〝せこい負け犬の言い訳〟程度に要約できる。

「いい年こいて何ひとつやり遂げていないのなら、もっと努力すべきところなのに、だらだらとビールなんか飲んで楽しく遊び散らかして……けしからん！」とまあ、だいたいこういったお叱りの言葉が主だった。

バッシングされて楽しい人なんかいない。でも、それが間違っているとも言い切れないので、言い返す言葉もなかった。

ゆううつな気分でレビューを読んでいると、ふと、とんでもない事実に気がついた。

僕は、言い訳……かっこよく言うと〝自己合理化〟の才能の持ち主みたいだ。

お怒りのみなさんの言葉通りならば、自己合理化しただけの本でお金を稼いでしまったということじゃないか。こいつは間違いなく才能と呼べる。あんなにも苦労して探し続けた自分の才能を、ここに来て探し当てるなんて！

というわけで、次は「言い訳」をテーマにエッセイを書いてみようと思った。

いつだったか、とある結婚相談所による会員のランク付けが物議をかもしたことがあった。会員たちのルックス、学歴、家柄、職業、経済力などを総合してランク付けしていたからだ。高級牛肉でもあるまいしランクで分けるなんて。

ところで、急にものすごく気になった。

僕のランクはどのへんだろう？

……ああ、そんなこと気にするんじゃなかった。もし、あなたがネットで格付けテストを探そうと思ったならやめたほうがいい。十中八九、ゆううつになるから。

ちなみに僕は、最下層ランクにも満たない、まさかの〝ランク外人間〟だった。

まあそれほど高くないだろうとは思っていたが、これほどとは……。

結婚相談所に登録することなんか、この先もきっとないので無視すればいいのだが、何というか、まるで人生の通知表をもらったような気分だった。留年だよ。

特に、異性を引き付ける能力のランクでは、箸にも棒にも掛からないところに位置していて、その事実が一層ゆううつにさせた。薄々勘づいてはいたが、わざわざ思い知ってしまった。僕は結婚できないのではなく、してないだけなんだって何度も言っているだろう……？


そんな最下層ランクの僕も生きている。それもサイコーに楽しくだ。

それを可能にさせているのが、言い訳、つまり自己合理化する力だ。自己合理化の思考がなければ、きっともう死んでいただろう。

いや死んでいなかったとしても、死んだように生きていただろう。客観的な視点でのみ自分の人生を判断していたのなら、きっと耐えられなかったはずだ。

絶望の淵に立ち、毎日浴びるように酒を飲み、どうにかして自分のランクを上げようと歯を食いしばって生きていたと思う。

そんな生き方、どう転んでも楽しそうではない。一度きりの人生なのに、そんな暗い気持ちで生きていくなんてあまりにももったいない。

どうせなら楽しく生きたほうがいい。

もちろん、楽しいほうを選ばずに、必死に戦いを挑んで敗北感に打ちのめされながら生きるほうを選んでもいい。それは個人の自由だ。

こうやって開き直ったりすると、誰かにこんな皮肉を言われるかもしれない。

「こいつ、また〝幸せ回路〟に逃げ込んだな」

まったく、僕が自分の人生を楽しもうとしているだけなのに、一体何が不満なのか。

きっとカースト最下層の人間は、苦痛にまみれて生きるべきだと信じているのだろう。僕のようなみそっかす野郎が楽しく生きている姿なぞを見たくないのだ。

そんな人たちには、こんな言葉を贈りたい。

だったらずっとそうやって生きてろ。ほんの少しの言い訳も許さず、自分の人生とガチンコで向き合って戦い続けたらいい。そして、絶望してろ。

「自分の基準」で心地よく

もちろん、何でもかんでも言い訳するのは人生をダメにする近道だ。

でも、適度な言い訳は人生をおいしくしてくれる味の素みたいなものだ。

つまり言い訳（自己合理化）とは、悩み多き現実社会で、心折れずに生かしてくれる最後の砦《とりで》なのだ。どこか一方からだけでなく、さまざまな角度から自分を映してくれる鏡でもある。

客観的な視点にとらわれて生きるのではなく、
少しは主観的に生きてみたらどうだろう？

ひょっとしたら、僕たちはそれができないから、これほどまでに苦しんでいるのかもしれない。

〝客観〟という言葉は、自分ではない第三者の視点を意味する。客観的に人生を見つめるということは、すなわち他人の視点から推し量るという意味だ。

もちろん、客観的な観点は必要だ。

しかし、そんな見方にとらわれすぎると、主体的に生きられないどころか、他人に引きずられてしまう可能性が大きい。

自分が心から望んだものではない他人の基準に合わせた人生、他人に突っ込まれない程度のそこそこの人生を追いかけるような、むなしい人生になってしまう。

そんな人生、僕たちはもう十分に生きてきた。

だからこれから先の人生くらい、主観的に生きたって悪くないだろう。

自分だけのものさしと観点で。

そうしなければ、自分とは何ら関係のない結婚相談所のランク付けテストに挫折させられ、自分を見失ってしまう。

それはそうと、僕の本に対して否定的なレビューより、肯定的なレビューのほうが圧倒的に多かったにもかかわらず、ずっと頭から離れないのは否定的なレビューのほうだった。

肯定的な言葉はやわらかいのに対し、否定的な言葉はとがっているせいだろうか。するどい言葉には傷つけられるものだ。

何よりも悪意に満ちた言葉というのは、強烈なエネルギーをもっている。発した本人たちは軽い気持ちだったかもしれないが、一人の人間を不安にさせ、壊してしまうには十分な力だ。

だから僕はレビューや記事を読むことをやめた。それ以降、自分の名前や本のタイトルで検索をしていない。どれだけ多くの共感や好意、応援の言葉があろうと、悪い意見だけが目に焼き付いてしまうからだ。

僕らが楽しみながら生きていけない理由も、これに似ているのかもしれない。たくさんの肯定的なサインや証拠があっても、否定的な言葉と評価が僕らに目隠しをしてしまう。

負の力は強力だ。あの力の前には誰でもが悲観的になりがちだ。

だからこれから僕らがやろうとしていることは、努力が必要なのかもしれない。

自分の人生の肯定的な面を、主観的に見出して楽しく生きること。

この至難の業《わざ》を、僕らなら、きっとやりとげられる。

今日も言い訳しながら生きてます

もくじ

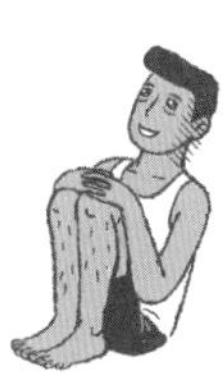

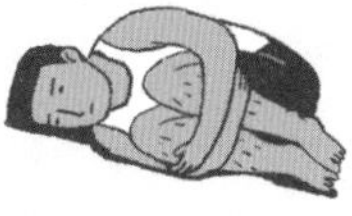

今日も
言い訳しながら
生きてます

正面がダメでも、側面があるから

中学生の頃、隣の席の友達の顔を描くという授業があった。顔の特徴を捉えて、絵を見ただけで誰を描いたかわかるように表現するという、ごく簡単な（？）授業だった。

「はい、始め！」

先生の合図で、生徒たちはくるりと体を回して向かい合い、お互いの顔を描き始めた。

そんなにそっくりになんて描けるもんか……。

静まり返った教室には、どんよりとした空気が充満していた。

しかし、その沈黙はすぐに破られた。

「ねえ、目が悪いんじゃないの？」
「俺、こんな顔してるか？」

あちこちからうなり声や文句、笑い声が弾けた。見回してみると、みんなの画用紙の上には謎の生命体が踊っていた。

普段から絵心にはちょっと自信があった僕も、描き始めてすぐに駄作の予感がし始めた。傷口は描くほどに広がる一方だった。

先生はそんな僕らを見て、ただ笑っていた。この状況をすべてお見通しだったかのように。

ああ、僕らのクラスにはこのミッションをクリアできる勇者は一人もいないのだろうか――。

「うわ～、そっくり！」

そのときだった。教室の一角からどよめきが沸き起こった。僕も急いでそちらに駆け寄った。そして、見た。それは革命だった。

ひと目でそのモデルが誰なのかわかったのはもちろんだが、その程度で革命などと表現したりしない。その絵は、ほかのみんなの絵とまるで違っていた。

なんと、その絵はモデルを横から捉えていた。完全なる〝横顔〟だった。

それのどこが革命なんだ？と言われそうだが、少なくとも僕は衝撃を受けた。

こんなふうに描いたっていいいんだ！

僕を含め、教室にいたみんなが、何の疑いもなく真正面からの肖像画を描くものだと思い込んでいた。そんなときに、たった一人、やつだけは横顔を描いた。

確かに、友達の顔をそっくりに描きなさいと言われはしたが、正面から描きなさいという条件はなかった。

なぜ僕らは、正面から描くべきだと思い込んだのだろう？

自分らしく生きる秘訣は〝側面突破〟

「横顔を描くなんて、姑息な手段だ！」

そう思うのも無理はない。顔を描きなさいと言われれば、たいていの人は真正面から見た顔を描くはずだ。

目、鼻、口、耳、それらすべてがひと目で把握できる正面を描くことこそが正解だと思うから。

しかし、横から見た顔も顔には違いない。正面からは見えないその人独特の姿が現れもするのだから、間違ったやり方だとは言い切れない。

その友達は実にシャープな選択をした。実際、真正面の顔を描くことは技術的にも難しい。凹凸のある目鼻立ちが平たく見える角度だからだ。

一方、側面から顔を見れば顔の凹凸が一目瞭然だ。おでこ、鼻、唇とつながる稜線をうまく紙に描き出せば、一筆でその人の特徴を捉えることができる。

そんな効率の良さを証明するかのごとく、やつはさらっと一人を描き終えると、ついでと言わんばかりに別の友達の顔も描き始めた。そうやってさらさらと3、4人の横顔をそっくりに描き終えた。

その日、僕は自分の横顔をまじまじと見返すことになった。正面からの肖像画だけがその人の顔を表現できると考えていた僕は、確実に偏見にとらわれていた。

正面だけでその人の顔を完全に理解したといえるのか？

その日から、人の横顔を盗み見するのが癖になった。何かに集中していたり、ぼんやりしている誰かの横顔を見ていると、なんだか不思議な気分になった。

この人、本当に僕が知っているあの人なのだろうか？

よく見知った人であっても、なんだか別人のように感じられた。

横顔には彼（彼女）の裏側というか、本性というか、まったく別の顔があった。

正面からは見えなかった魅力や悲しみ、または誰にも言えないでいる秘密まで。

彼にも僕の知らない側面がまだまだたくさんあるのだなと、当然の事実に改めて驚きもした。

一つの面だけ見て人を判断してはいけない。それは他人に対してだけではなく、自分自身を見るときにもいえる。

ここまでくると、勘のいい方はこんなことを思うだろう。

ははーん、僕が正面からぶつかっていけないもんだから、側面うんぬんと言っているんじゃないかと。

その通りだ。正直、僕の正面はイマイチである。正面をうまく描きたかったが、思ったように描けなかった。

僕に再びチャンスが訪れるなら、再び顔を描くようなことがあるならば、今度は横顔を描くつもりだ。ほかの人とは違う方向から、もっとその人らしい顔を。¶

またくだらないことを
考えてしまいました

人に振り回されるくらいなら、誰にも認められなくてけっこうです

子どもの頃に付き合いのあった、とあるおじさんから電話が掛かってきた。どんな間柄なのかを説明すると長くなるので大胆にスルーさせていただく。

ずいぶんと長い間ご無沙汰していたので、その間に僕は40過ぎのおっさんに、おじさんも80過ぎの老人になっていた。

どういう風の吹き回しか知らないが、久しぶりの電話口で、おじさんは矢継ぎ早に質問を畳み掛けてきた。

「結婚はしたんか？」（え、まだ……）
「会社は？　どこに通っとるんだ？」（会社には行っていなくてですね……）
「え？　じゃあ何の仕事をしとるんだ？」（イラストを描いてます……。え？　まあ、何とか食いつなげている程度ですよ……）

「今、どこに住んどる?」(仁川《インチョン》に住んでます……いや、持ち家じゃなくて賃貸で……)

こんなやりとりがしばらく続いたあと、おじさんはため息まじりにこう言った。

「俺はてっきり、お前が成功すると思っていたんだがな……」

その後に省略された言葉は言われなくてもわかる。

「成功すると思っていたのに、うまく行かなかったんだな。期待していたのにがっかりした」

だいたいそんなところだろう。

そうか。僕は失敗人生を歩んでいるんだな。ご丁寧に教えてくださってありがとうございます。

老人になったおじさんの基準から見ると、僕の人生は失敗だろう。

おじさんの時代の人生の成功パターンとは、誰もがうらやむ一流の会社に入り、結婚して子どもを作って、自分の家を建てて生活することだったから。

それができない人生は失敗。僕の意見など聞かれもせず、そうやって結論が下されたようだ。

「ワハハハハ。僕も自分が成功するんじゃないかと思っていたんですけどね〜、人生って思い通りに行かないもんですね。完全に負け組ですよ！」

不思議なことに、まったく動じることはなかった。おじさんには失敗の烙印を押されたが、正直グラつきもしなかった。

もし、おじさんの考えに同意していたなら、思い切り傷ついていたはずだが、幸いなことに僕の考えは違っていたから。

だって僕、楽しく生きているんですよ？

承認欲求のために生きるだなんて

まあ、この境地に達するまでにはずいぶんと時間が掛かった。周りの視線から完全に自由になれたわけではないけれど、他人が僕の人生をどう評価しようがまったく気にならなくなった。

なぜ僕の人生が失敗なの？　あなたに何がわかる？　じゃあ、あなたの人生はよっぽど素晴らしいんでしょうねえ？　なんて、おじさんに向かって問い詰めることもできただろうが、エネルギーの無駄使いはよろしくない。相手の好きなように考えてもらえばいい。

悔しくないのかって？

悔しんだって、どうにもならない。誰かの考え方までコントロールすることなんてできないのだから。

もちろん、人に認めてもらえれば最高に気分がいいけれど、認めてもらうことを望み始めたら、物事が複雑になっていく。

人から認められることばかり望む人は、結局、人に振り回されてしまう可能性が高い。さらにもっと広く、世の中から認められたいと思ってしまったら……そのときは世の中に振り回されてしまうだろう。

この人生は誰かから認められるための人生じゃないはずだ。

自分の人生なのだから、誰かにいいように操られたりするなんて御免だ。

そんなわけで僕は今日も、周囲を安心させている。

「僕は競争相手ではありませんよ、何の取り柄もない人間なんです」（まあ、うそじゃない）

すると、人々は本当に僕に関心を示さなくなる。

時には、本当にあわれに思ってくださる方もいるが、そんな勘違いも実はけっこう楽しんでいたりする。

こうやって周囲を油断させておいて、ひっそりと楽しく生きようというのが僕の戦略である。


そういえば、以前は、平日の昼下がりにひとけのないカフェで何やらパソコンに向かっている中年男性を目にするたびにうらやましく思っていた。

何をやっている人なんだろう？　よくわからないけど、お金の心配をしなくていい金持ちなんだろうな。じゃないと、こんな時間にカフェなんかにいられるわけがない。僕もいつか、そんな年齢になったら同じように余裕のある日々を送ってみたい——。

そして今、僕はそれをやっている。お金持ちじゃないけれど、平日の午後、カフェでコーヒーをすすりながら窓の外をぼんやり眺めている。

もしあなたがカフェでそういう男を目にしたとしても誤解なきよう。仕事のないフリーランスの人間である可能性が高い。

ハハハ……やれやれ。

でも、お金はないけれど、なんとなく僕が思い描いていた未来に近い日常を過ごしているんだから、これを成功と言わずしてなんと言おう。

成功というのは、人によって基準が違うのだから。

「注目」は人生をグラつかせる

近頃、僕の仕事の多くを占めているのが、お断りのメールを送ることだ。

おかげさまで本がヒットしたことで、あちこちから仕事の依頼が増えた。ところがイラストの仕事ではなく、その多くがセミナーの依頼だ。

セミナーが本業でもないうえ、人前で話すのが苦手なのでほとんどはお断りしている。話すネタもないし、何よりたくさんの人の前に立ってそれっぽいことをいかにもな風情でしゃべり散らかしている自分を想像しただけで、ああ、無理……と思う。

自分のことは自分が一番よく知っている。聴衆はきっと、僕の話に真剣に耳を傾けてくれるだろうし、拍手も送ってくれるだろう。そうなると僕というやつは、間違いなく、途端につけあがる野郎なのだ。
長い時間をかけ、苦労して身に付けた謙虚さや穏やかさを、いとも簡単に手放したくはない。

正直、僕を尋ねてくる人が多くなって、少し怖い。これまでただの一度も注目されたことなんかなかった人間が、突然脚光を浴びるようになると、うれしさよりも怖さのほうが先に立つようだ。

そして、揺らいでいる。他人の冷笑にも揺らがなかった気持ちが、世間の関心に激しく揺れ動いている。そういえば、旅人のマントを脱がせたのも、冷たい北風じゃなくて、温かい太陽だったっけ。

今起きていることが泡だってことはよくわかっている。すぐに消えてしまう泡。だけどこの温かさを、できればずっと感じていたいと思ってしまっている。

いつの間にか僕は、人々の関心を集めたい、いや、注目されたくてたまらない注目中毒者になってしまったのかもしれない。世間に振り回されようとしている。ああ、美しくないな。

美しく生きたい。注目されることを嫌うヒマラヤのユキヒョウみたいに。

世間の反応とは関係なく、一人、凛として我が道を行きたい。

つまり、本も書くし、イラストも描いて、めちゃめちゃ人気があるんだけど、自分だけはそのことを知らない、みたいな。

まあ難しいだろうけど。そんなふうに生きられたらいいなと思う。¶

美しいものは
注目されるのを嫌うんだよ

映画『LIFE!』より

時には、ジャンクフードも必要である

一通のメールを受信した。月に3冊の読書が趣味の平凡な会社員です、という男性からのメールだった。

はは～ん。だいたいわかったぞ。僕の本を読んで感動し、メールを送らずにはいられなかったんだな？

こういうファンレターは、割とよく来るからね。どれどれ。

あなたは「本は時代の精神だ」という言葉をご存じないのですか？

このような低俗な本を出してよく恥ずかしくありませんね。

「文章を愛して止まず、文章のもつ力を理解しているからこそ恥ずかしくてとてもペンなどとれない」という、あなたよりも深い考えをもつ多くの人たちに申し訳なく思い、恥を知るべきです。（以下省略）

うわっと、何これ？　油断していてデカいパンチをお見舞いされた気分だ。まごうことなきカウンターパンチだった。しばらくの間、ショックから立ち直れずにぼんやりと空を見つめていた。

ようやく気を取り直して、メールを最後まで読み終えた。

結びの言葉には、大韓民国の作家レベルを著しく貶《おとし》めるので、二度と本なんか出すんじゃないとくぎを刺してあった。

「何卒、宜しくお願いいたします」というメールのタイトルからも、いかに彼が文章を愛して止まないのかが感じられて、あやうく感動の涙を流すところだった……わけがない。思いっきり傷ついた。


僕が書いた文章は、そこまで低俗なのだろうか？　僕は面白かったのに。笑いやいや、笑っている場合じゃない。あまりにもひどい。

人によって好みは千差万別。同じものを見ても、感じ方は人それぞれ。だから、僕の本を読んだ人たちの評価がみんな違うのは当然のことだし、メールにあったような反応も十分ありえる話だ。

問題は、それが頭では理解できても、心ではまったく理解できないという点にある。だからマイナス評から逃れようとしてきたのに、こうやって直接メールしてまで追いかけて来るなんて、思いもよらなかった。

なぜ、ここまでするのだろうか？

ああ、この行き過ぎた情熱。理解に苦しむ。

文章のもつ力を十分に知り、恥ずかしくてペンもとれないという人が、その力で他人を存分に傷つけていることは恥ずかしくないのか……？

とにかく、こういったメールを受け取ると、数日間はゆううつになり何も手につかなくなる。これ以上何も書けないような気分にとらわれる。

実際に僕は、このメールを読んでから数日間は筆が進まなかった。僕がこれまで書いた文章すべてがゴミのように感じられて、書いては消しを繰り返し、結局、ペンをとることが恥ずかしくなった。

「そうだよ、イラストレーターなのに、なんで悪口を言われてまで文章を書いているんだ。実際、ここまで本格的に文章を書くつもりなんてなかったのに」

エッセイの連載を始めた当初は、今とは違う計画を立てていた。文章なしで、イラストだけで成立するイラストエッセイにするつもりだった。

イラストひとコマに笑いと感動、カルピスの原液みたいに濃ゆい人生の哀愁までを盛り込み、多くの人から共感を得られるような作品にしたかった。

でも、忘れていた。自分が実力不足のイラストレーターであるということを。実力ある作家ならイラストひとコマでも十分に伝えられるだろうが、僕にはそれができなかった。

ならば、プランBだ。イラストだけでは伝わらないから、イラストの下にキャプション的に短い文章を添えるのはどうだろう？　短くてもひざを打ちたくなるような、格言めいた文章を添えるのだ。

おお、それだ！

しかし、それさえも簡単ではなかった。イラストもだが、そんな短い文章を書くだけでもやたらと時間が掛かった。正しい綴《つづ》り方から検索している始末で、小学生レベルの国語力だと言われても返す言葉がないほどだ。このレベルで格言なんて夢のまた夢。

というわけで、イラストの添え物の短い文章を説明するための文章をさらに書き加えたりなんかしているうちに、文章がどんどん長くなっていったのだ。

だから僕のコラムは、イラストだけでは勝負できないイラストレーターがイラストの説明を長々と書きつづったようなもので、それすら支離滅裂だ。能力のない人間は、こうでもしないとゴハンが食べられない。

とはいえ、書いている間はとても楽しかった。この楽しさが伝わったからなのか、本を出さないかという声が掛かり、『あやうく一生懸命生きるところだった』が世に出ることになったのだ。

認められるより、楽しみたい

『あやうく一生懸命生きるところだった』のサブタイトル（韓国版のみ）は「ヤブ得度エッセイ」だ。

僕が「ヤブ」という単語をくっつけたのには理由がある。

「ヤブ」は〝ヤブ医者〟からもってきた。つまり、資格のない者という意味だ。僕は文章を書くことを専門的に習ったわけでもない。なるようになれと生きているタイプだから、哲学と呼べるような考えもない。

そんな意味でも「ヤブ」は、資格もなく無許可で文章を書いている僕にぴったりの言葉だった。また一方では、プロじゃないから大目に見てくださいね、テヘヘ、といった愛嬌も含まれている。

「本は時代の精神」だと言われたが、すべての本がそうである必要はないと思う。

僕が考える本とは、エンターテインメントに近い。楽しむためのものだ。

知的好奇心を満たすという楽しさであれ、推理モノの緊張感であれ、号泣モノの感動であれ、面白くないならば本を読む意味なんかないだろう?

それに好みがバラバラな読者に合わせて、本の種類だってたくさん必要だ。ノーベル文学賞を受賞した作家の本も必要であれば、くまのプーさんが聞かせてくれる小さな幸せをまとめた本だって必要だ。

時代の精神を盛り込んだ偉大な本しか出版されないのなら、きっと世界は今より少しつまらなくなってしまうだろう。

食事のように、それぞれの好き嫌いに合わせて、選んで食べられる楽しさが必要なのではないだろうか。

体によい食べ物も大切だけど、ジャンクフードにも意味がある。

多様性の側面から見た場合、僕のようなジャンクフード作家もいたほうがいいと思う。

こうして、僕は再びペンをとった。

文章で誰かに勝とうという考えもなければ、文章が上手いと言われたい気持ちはもっとない。

ただ、僕は楽しく書き、読んでくださる方にひとときでも楽しんでもらえれば十分。これがすなわち「ヤブ」の道、僕はヤブ作家だ。¶

やはり、味のある文章は
足で書くに限る！

よそはよそ、うちはうち

最近でもこんな調査をしているのかわからないが、僕が国民学校（小学校のこと。1995年までの名称）に通っていた頃は、学年が上がるたびに「家庭環境調査書」なるものを提出させられていた。

その紙を持ち帰ったときの母の顔が忘れられない。まるで難しい数学の宿題でも解いているみたいに思いつめた表情をしていた。

ひとしきり悩んだ母は、父の職業欄に「土方」と書いた。

「土方って何？」という僕の質問に母は答えなかった。僕もそれ以上は聞かなかった。答えにくい質問であろうことは十分に感じ取れたし、母を苦しめたくはなかったから。

家庭環境調査書には、ひと月の収入を記入する欄まであった（今の常識では考えられないが、当時は普通だった）。そこに母がいくらと記入していたのかは覚えていない。

ほかにも、持ち家か賃貸かを選ぶ欄もあった。またまたひとしきり悩んだ母は、その欄の横に「朔月貰《サグォルセ》」（月極めの賃貸住宅。入居時の保証金が必要ないため、まとまったお金を準備できない人が多く利用する）と書きこんだ。やはり知らない単語だったが、もう尋ねなかった。

調査書の一番下には、ご丁寧に、家にある家財道具をチェックする欄もあった。

どれどれ、自家用車？　ないね。

電話？　ないね。

冷蔵庫もないし、ない、ない、ない……。

うちにはないものが多すぎた。チェック欄をほとんど埋めることができず、恥ずかしかった。

翌日、子どもたちは各自の調査書を見比べては盛り上がった。

チョルス君の家には車があるんだって！　いいなあ。

ヨンヒちゃんのお父さんは警察官だって！　かっこいいなあ。

あ、ハ・ワン君んちのお父さん、土方なんだね～。うん、でも土方ってなんだろう？

僕は困って、母のように口をつぐんだ。

自分が貧乏だと感じた瞬間は、はっきりと覚えている。間違いなく、国民学校に上がったときだ。その前は、自分が貧しいと感じたことはなかった。父の事業が失敗でもしたのかって？　いや、入学前も後も家庭の事情自体は同じだった。

その頃に住んでいた家は、小さなボロ家がひしめき合う貧民街にあった。〝きれいさっぱり整備しろ〟という、当時の大統領閣下の下した命により、大規模再開発で強制撤去されるまではそこに住んでいた。

再開発の理由は、1988年のソウルオリンピックの開催が決まったからだ。訪れた外国人に見られたら恥ずかしいじゃないかという訳だ。それほどまでに恥ずかしい僕らの町は、やがて跡形もなく〝きれいさっぱり〟片付けられた。

トタン板を適当に打ち付けただけの屋根、壁はあるけどちゃんとした玄関がなく、その気になれば誰でも侵入可能な、そんな家で僕は育った。

トイレも家の外にあった。近所の数軒が使う共同便所で、臭くて汚いのは我慢できたが、とにかくいつでも誰かが使用中だったのが難点だった。

どうしても我慢ができないときは、遠くにある別の共同便所まで走って行った。そこも空いている確証はないのだが。

だけど、そんな環境にあっても、僕は不便だと感じたことがなかった。みんながこうやって暮らしていると思っていたから。それが、僕が知る世界のすべてだったから。その町の誰もが同じような家に住み、同じように暮らしていたから、それが貧しいということだなんて思いもしなかった。

僕の世界が音を立てて崩れたのは、国民学校に入学して、違う環境に暮らす友達に出会ってからだ。

誰もが同じ環境で暮らしているわけではないということがわかり、世界が再構築された。

そして、絶望した。

再構築された世界での僕の位置は、一番底辺だった。それまでみすぼらしくも何ともなかった僕の人生は、瞬時に墜落した。

ドスン！

体が地面にぶつかる音が聞こえた日のことを、今でもはっきり覚えている。

今思えば、たいていの人が生活苦にあえいでいた時代だったので、そこまで絶望することでもなかったのかもしれない。

けれどもそのときから、生活水準の平均ラインを、自分より下ではなく上に設定するようになってしまった。僕よりましな暮らしをしている子ばかりが目について、いつでも不幸を感じていた。

優劣なんてない。ただ違うだけ

時が流れて今、室内にトイレがある家に住んでいる（しかも水洗式である！）。父のように厳しい肉体労働に従事することもなく、イラストを描き、お金を稼いでいる。そのお金でおいしいものを買って食べ、文化的な生活も楽しんでいる。大進歩だ。

感謝の気持ちを抱いて当然のところだが、どういうわけか、そうはならない。やっとこさでこの程度か、といまだに自分が貧しいと感じる。

そう思うのは、僕の上にたくさんのお金持ちがいることを知っているからだろう。**絶対的には貧しくないのだが、相対的には貧しい。**

僕はこの貧しさから抜け出せるだろうか。

YouTubeで僕の大好きな法輪《ポンニュン》和尚《おしょう》（韓国の著名な仏教僧）の講演を見た。

ある青年が和尚に質問をしていた。

「みんなより貧しい自分がとても惨《みじ》めだ」と。

和尚は、静かにテーブルの上にあったコップを腕時計の隣に並べて、彼に尋ねた。

「このコップは大きいですか？　小さいですか？」

「大きいです」と青年は答えた。

和尚は次に、コップをポットの隣に並べて尋ねた。

「このコップは大きいですか？」

それに青年は「小さいです」と答えた。

和尚はコップを手に、腕時計とポットの間を往復させながら同じ質問を繰り返した。青年は、そのたびに「大きいです」「小さいです」と答えた。

そんなやり取りがしばらく続いた後、和尚はコップを高く掲げた。

「このコップは、大きいですか？　小さいですか？」

空中にあるコップを見て、青年は何も答えることができなかった。比べる対象がないから、大きいとか小さいなどとは言えなかった。

そうだ。コップ自体に大きいも小さいもない。コップはいつもコップのままだったのだ。

「劣等感は〝存在〟から来るものではなく〝意識〟から始まるものなのです。実際に存在が劣っているのではなく、劣っていると思う意識があるだけなのですよ」

和尚のお言葉に青年は涙ぐみ、僕も泣いた。

おおおお。僕が感じている貧困もやはり、心持ちの問題なのだ。

僕は、ポットのそばから離れられないコップだった。ポットを基準にして小さいといじけていただけだったんだ。

コップがポットより小さいからといって、劣っているわけではない。ただ、違うというだけだ。大きさだけじゃなく、用途も材質も違う。

僕らはみんな、それぞれに違う存在であるだけだ。

さて、ところでどうして僕は自分をコップだと思ったんだろう？　ポットのほうが好きなのに。

ああ、元の木阿弥だ、ナムアミダ〜。¶

どうしていつも
負けているような
気がするんだろう

幸せは「大きさ」じゃない。「頻度」だ

村上春樹から広まった、小さいけれど確実な幸せ。略して「小確幸」。寝る前にかわいいネコの写真を眺めるとか、子どもを寝かしつけたあとに静かに読書をするといった、忙しい日常の中で感じられる「小さいけれども確実に実現可能な幸せ」のことだ。

小確幸がブームとなり、あちこちで目にするようになってから、小確幸をよくないものとする意見も出てきた。

先日も小確幸への違和感を呈したコラムを見つけた。

「小確幸が流行する背景には韓国社会の混迷がある。長い経済不況、拡大する格差など、努力しても報われない時代であるため、大きな幸せを望むことが難しい。ゆえに、かろうじて許される小確幸が流行しているのだ」

コラムの書き手は、「だからこそ、その小さな幸せは本当の幸せなのかを見つめ直すべきだ」と言い、小確幸のような手に入りやすい幸せで納得して、何の成長もないまま自己満足しているような今の風潮は誠に遺憾であると警鐘を鳴らしていた。

さらには、なぜ小確幸に執着するのか、なぜ住宅の購入、就職、結婚のような大きな幸せを追求しないのかとも嘆いていた。現実を冷静に直視し、より大きな幸せを達成するために努力すべきだと強調し、コラムは締めくくられていた。

これを読んで、小確幸の流行の裏側に潜む暗い影には納得したけど、それに続く言葉には首をかしげるしかなかった。僕は同意できない。

まず、誰も小確幸に〝執着〟などしていない。

執着しているのはマーケティングしている人たちだ。モノを売るために流行に便乗し、何から何まで小確幸にする。まるで全国民が小確幸の熱にうなされているように感じられるのも無理はない。

とにかく、若者たちが小確幸中毒になって現状に甘んじているようではけしからん！というのなら、余計なお世話である。

小確幸を楽しんだからって、その瞬間に多幸感に包まれて人生のすべてに満足し、悩みが消え去るわけでは決してない（できればそうあってほしいけど）。みんな最善を尽くして生きている。将来の心配と不安で頭が破裂しそうななか、ひと時の楽しさを探そうとしているだけだ。

一日中、必死に働いて帰宅して、缶ビールを1本空ける。そんなささやかな幸せを楽しむ人がいたとしよう。

その人に向かって、その幸せは本当の幸せじゃない、そんなお手軽な幸せに甘んじるのではないと言うのはどうなんだろう。そんなことすら楽しめなくて、何を楽しみに生きていけというのか。

ならば、「大きな幸せ」についても言わせてもらおう。

おしゃれなボールペンを買って感じる幸せは間違いで、車を買って感じる幸せは正しいなんて言えるのか？

車は高いから今すぐ買えないというだけで、いつかお金ができたら車を買う幸せだって享受できるはずだ。そして同時に、おしゃれなボールペンも買うのだ。

その二つはまったく別の楽しみだ。幸せの大きさを比べること自体がナンセンスである。

どうして住宅購入や、就職、結婚を追い求めないのかって？　誰が求めてないって言った？　それを求めている人たちはたくさんいるのだ。そして努力もしている。努力しても得難い時代だからできないというだけだ。

努力しても手に入れられない時代だと言いながら、小さな幸せすら噛みしめずに、死ぬほど努力して、もっと大きなものを追い求めろと？　ボールペンを買うお金を節約して家を買って、結婚しろと？

こんなの旧態依然とした、変化を妨げる思考だ。

このコラムがやたらと勧めてきた大きな幸せとやらは、全部、親たちの世代が正しいと信じて追い求めてきたライフスタイルじゃないか。

そこから外れてしまうことは間違いであると信じて彼らは生きてきた。

だが、時代が変われば人の意識も変わり、行動も変わる。

若者たちは移り行く時代に合わせて考え、選択しながら、前に進んでいる。

親たちの世代とは違った選択をしたからといって、甘んじているとか、あきらめているわけではない。

大きな幸せは、意外と長続きしない

そもそも、大きな達成感だけで人生が幸せになるわけではない。

「これさえ叶えば幸せになれる！」とよく考えるものだが、その幸せもほんの一瞬だけだ。

以前、友人の高級外車を借りたときに、「こんないい車に乗っていたら毎日ハッピーだろうね」と言ったら、友人はこう返してきた。

「3カ月だけね」

え、どういうこと？

彼が言うにはこうだ。初めのうちは乗るたびに気分がいいのだが、3カ月たつと何も感じなくなると。

キラキラした達成感も、それが日常になると特別さはなくなる。

夢に見た大企業の採用試験に合格したら、その瞬間は幸せかもしれない。でもそれ以降も、会社員として働く毎日は幸せでいっぱいなのだろうか？

この人と結婚できれば何も望むことはないと思ったとしても、結婚後もずっと、本当に何も望まず幸せでいられるのだろうか？

そうじゃないだろう。人間とはそんなふうにできていない。

残念ながら、幸せとは持続できる感情ではない。極めて瞬間的な感情だ。

だから「幸せは感度じゃなくて頻度」という言葉もある。

頻繁に感じられるほうが重要だという意味だ。

大金を掛けなくても、そんな確実な方法があるならやらない理由はない。

✧ 小さな幸せこそ、人生を守ってくれる

ある大きな目標があるとしよう。簡単にできるものではなく、時間も掛かる目標だ。その目標を達成するまで、幸せになってはいけないのだろうか？

その間、ずっと苦痛とともに生きなければならないのだろうか？

大きな成果だけにとらわれる姿勢は、時に毒になることもある。多くの時間と犠牲を伴うからだ。

それでもし、夢が叶わなかったらどうするのだろう。日常の些細な幸せも何もかもをかなぐり捨てて走り続けてきた、その人の人生はどうなってしまうのだろうか。

大きなことにオールインするというのは、命綱なしで綱渡りするのと変わらない。

だからこそ、小確幸が必要なのだ。

日常の中の小さな幸せは、大きな目標に向かう長い旅路に耐えうる活力をくれ

るだけでなく、**失敗したときの衝撃を和らげるエアバッグにもなってくれる。**

万が一、目標が達成できなかったとしても、自分の人生が終わりだという思いに縛られないようにしてくれる。

僕らの先輩たちは、その点が実に下手だった。

大きなことだけを追い求めて、小さなことはすべて無視した。そして中年になったとき、むなしくなったのだ。

それに比べて、小確幸を知る最近の僕らは賢いと思う。きっと先輩たちの背中を見て学んだのだろう。

ああ、あんなふうに生きたらダメなんだなあ、と。


もちろん、小さくて確実な幸せだけを追い求めるべきだという話ではない。不確かで大きな目標が重要なのと同じくらい、日常の小さな楽しさも重要だという話だ。

これがダメならこれというような、二者択一の話でもない。両方追いながら生きることだって全然アリなのだから。

小確幸は誰の人生も崩壊させたりしない。自分の身の丈に合った幸せを探そうという、小さな運動であるだけだ。

肉だって食べたことがある人のみが食べたと言える。平凡な日常での幸せを感じられない人は、もし大きな夢が実現したとしても幸せを感じられない可能性が大きい。根拠はないけど、僕はそう思う。

しかしまた、なぜ僕は小確幸についてあれこれと熱弁をふるっているのだろう。結局これが言いたいだけなのかもしれない。

「TWICEのミュージックビデオを見て幸せだと言ったからって、何か問題でも？」

これくらいで道を踏み外したりなんか絶対しないから、放っておいてくれ。¶

そちらこそ、大きいことだけ望んで
満足できるんですか？

出不精のほうが
コスパよく幸せになれる

旅が好きだ。だけどどういうわけか、自分から行こうと思ったことはないような気がする。誰かに誘われ続け、脇腹を小突かれてようやく「じゃあ、久しぶりに気分転換でもしてくるか」と旅立つタイプだ。

旅先では誰よりもエンジョイしているから、間違いなく旅が好きなはずなのだが、いざ旅立とうとなると腰が重くなる。これはどういう心理状態なのか。

僕だけがそうなのかと思っていたけど、これは〝おうち大好き人間〟の特徴だという。

先日、自分がどれだけおうち大好き人間なのかという〇×テストをたまたま見つけた。

その中で猛烈に共感した項目がある。

□ 家の外に出ること自体がすでにスケジュールだと考える
□ 出掛ける間際までおっくうだが、出てしまえば楽しみまくる
□ 予定が流れたとき、何となくホッとしてうれしい

これを見る限り、僕は間違いなくおうち大好き人間だ。家が好きな男子だからイエダンとでも呼ぼうか。旅も好きだが、家にいるだけでも十分楽しめるから、そこまで旅行には執着していない。

イエダンになったのは内向的な性格も関係していると思う。

外交的な人と内向的な人の違いは、自分の関心とエネルギーがどこに向かっているか、の違いだ。

外交的な人は積極的に外で活動することによってエネルギーを蓄える。たくさんの人に出会い、たくさん見聞きし、さまざまなリアルな体験を好む。

一方の内向的な人間は、静かに自分の内面に集中する。外部からの刺激はむしろ心をざわつかせるノイズとなる。本を読んだり、文章を書くなど、静かに自分のワールドに入り込む。または、ただごろごろする。

一人で退屈じゃないのかって？　ご心配なく。僕は一人で十二分にエンジョイで

きる。イエダンになるべくしてなった感じだ。

よく、内向的な性格を外向きに変えるべきとか、変えていきたいとする傾向があるが、僕の考えは違う。

内向的な人間とは、幸せが外側じゃなくて、本人の内側にあるということを知っている人のことだ。

刺激を外に求めることなく楽しむ方法を知っている。幸せに生きる才能に長けているともいえる。

まあ、あくまでも僕個人の考えだけど。とにかく、それぞれの思うがままに生きることが幸せなのだから。

出不精の外出は、まるで海外旅行

イエダンだからといって、家に引きこもってばかりいたいわけじゃない。その辺が「隠遁《いんとん》型イエダン」とはわけが違う。

僕にとって家とは、充電器みたいなものだ。家にいるだけでエネルギーがチャージされる。

充電が100％を指したところでようやく外に出て、人に会ったり、ぶらぶらしたりしてみようかなという気になる。フルチャージじゃないと、心配で外に出る気にならない。

だから僕は、家に留まる時間を十分に確保するために、生涯を戦ってきたようなものだ。結局、仕事まで家で行っているのだから、成功したイエダンだと言えるだろう。

イエダンの外出はコスパも良い。ずっと家に引きこもっていたから、外の世界は見るものすべてが新鮮だ。

冬だと思っていたのに、いつの間にか春めいてきたなあ。おや、花も咲いている。近所を散歩しているだけなのに、海外旅行にでも来ているかのような胸のときめきがある。

なんだか太陽も温かく、空気もうまい。ああ、これからはまめに外出したいな、なんてどうせできもしないことを一瞬だけ本気で思ったりするくらい気分がいい。

足の赴くままに、新しくできたカフェバーを発見する。真昼間から酒を提供しているなんて、教養あるマスターの店であることは間違いない。迷わずテーブルに着き、さっそくビールを注文する。

こういうアドリブも旅の醍醐味じゃないか。プハーッ、今日も旅を満喫した。

こんな僕だけど、幼い頃は家にいるのが嫌いで、いつまでも外をほっつき歩いていた。数日家に帰らないこともたびたびあった。当時の我が家は地獄のようなところだったから。僕は帰るところのない放浪者であり、根無し草だった。今、家にいる時間が楽しいのは、家が一番安全でリラックスできるからだろう。

人間には、心おきなく休息できる場所が必要だ。

思いきり家でリラックスできる今はどれだけ幸せかわからない。そのくらいで幸せを感じるなんて、なんてお手軽なやつなんだろうか。

まあ、そんなことはどうでもいい。

僕は今日もずっと家にいるつもりだ。¶

家にいるだけで、やたら楽しい

負けたんじゃない、競いたくないだけ

「キミ、どこの野球チームを応援しているの？」

会社員だったある日、上司が僕に聞いてきた。そうだった、野球のシーズンが開幕したんだっけ。

「僕、応援しているチームはありませんけど」

「うそでしょ？　そりゃマッズ～イね！」

マッズ～イのか。男なら応援する野球チームの一つぐらいないとまずいという言いっぷりだが、僕にはない。

どうしてかって？　野球に関心がないからだ。

いや、野球だけじゃない。スポーツ全般に興味がない。やることはもちろん、見ることにもだ。オリンピックやワールドカップのような国際的な大会なら愛国心をもって見る人もいるだろうが、それすら僕は関心がない。おいそれと愛国者にはなれない人間なのである。

もちろん、フェアプレイの精神と磨き上げた技で正々堂々と勝負する選手たちの姿には尊《とうと》さまで感じる。

でもどういうわけか、勝負ごとには気乗りがしない。

スポーツに限らず、ギャンブルとかゲームでさえ関心がないところを見ると、勝ち負けに本当に興味がないようだ。


ただ、生まれつきそういう性格だったわけではない。

きっかけは間違いなく〝あのドラマ〟のせいだと確信している。

1990年代の初めに、テレビで放送されていた『ビバリーヒルズ高校白書』だ。

きっとタイトルは覚えていても、30年も前の話なので内容まではっきり覚えている人は少ないだろう。僕もそうだ。

ところが不思議なことに、とあるシーンだけは鮮明に記憶している。

主人公のうちの一人（たぶんディラン）に、仲間たちがバスケの試合に行こうぜと声を掛ける。そのときのディランのせりふが金言レベルだった。

「僕は競い合うようなスポーツはやらないんだ、キミらだけで行ってくれ。僕は勝ち負けのないサーフィンに行くから」

一言一句正確に覚えているわけではないが、だいたいこういうニュアンスのせりふだった。

このせりふをさらっと言って背を向けた彼が、やたらとカッコよく見えた。

当時中学生だった僕にはカルチャーショックでもあった。自分から一人になるほうを選んでもいいんだなあ、と。団体生活から孤立することをひどく恐れていた当時の僕には、頭を殴られたような衝撃だった。

「競争しない」というせりふもまた、衝撃的だった。大韓民国の中学生にとって、競争とは空気のように密接なものだったから。勉強、スポーツ、芸術……あげく外見や家庭環境まで、すべてのことに順位が付けられていた。

必死に勉強する理由はやはり、良い成績を得るためだったし、自分が相手より優位なことを証明するためだった。競争することはいつでも正しいことで、避けられないものだった。

それなのに、自分は競争などしないという若者を目の当たりにしたのだ。そんなせりふ、テレビでも現実でも聞いたことがない。衝撃を受けて当然だろう。ああ、こんなふうに生きる人もいるんだな。

それは一般的な考え方ではないかもしれない。

でも違った選択肢があるという事実だけでもホッとできた。

いつかは僕もあんな人になりたい。他人の視線や意見に惑わされることなく、順位みたいなものに縛られることなく生きたい。そう思った。


それから少したった頃、僕はもっと大きな気づきを得た。ビバリーヒルズという場所は、アメリカでも有数の富裕層が住む街であることを知ったのだ。

僕は叫んだ。

「お前ら、競争なんかしなくても心配なく暮らしていける身分なんじゃないのか？くそっ！」

勝手に裏切られた気分になったが、とにかく僕の人生に大きな影響を与えてくれたことは間違いない。

あのとき、僕の中に種が蒔《ま》かれたのだ。小さな種だったけど、ゆっくりと芽を出し、その結果、僕の今の人生は……こんな塩梅《あんばい》である。

ああ、僕の人生を狂わせたビバリーヒルズ野郎。僕がアウトサイダーになったのも、勝負欲が衰退したのもお前のせいだぞ。

競争しないのも一つの選択肢

競争が必要ないと言っているのではない。人類は競争をすることで限界を突破し、発展してきた側面がある。僕のような人間ばかりだったら、人類はいまだに旧石器時代のままだっただろう。

面白さという面から見ても、競争は必要だ。勝負がなければスポーツもギャンブルもゲームもなんのためにするのかわからない。

僕だって、競争の面白さがわからないわけではない。いや、むしろ競争にのめり込みやすいタイプだとも言える。

特にオーディション番組を見るときは「あの子よりこの子が上手いな」などと、評価する楽しさにどっぷりハマり、どの子が1位になるのかが気になってつい最後まで見てしまうほどだ。

だからこそスポーツもオーディション番組もわざと避けるようにしている向きも

ある。

競争に慣れてしまいたくないから。勝つことを人生の目的にしてしまいたくないから。

繰り返すが、競争は悪いことではない。とはいえ、僕は、競争が嫌いだ。「できるだけ戦わないで生きよう」がモットーだ。

卑怯者と言われようが仕方ない。これが僕の望む方向だ。

心だけビバリーヒルズ。

し烈さを増すばかりの競争社会で、僕は戦わずに生きていけるのだろうか？

何度も自問したテーマだ。かなり不可能に近いかもしれない。

つまり僕の姿勢は、不可能に挑戦する勇気だ。

だから、決して卑怯者ではないよ。¶

勝負は来世で

世間に認められない＝大物

新進気鋭の小説家、キム・ドンシクの『灰色人間』を何の気なしに手に取った。ソファーにごろりと横になって読み始めた僕は、がばっと体を起こした。

「な、何だこの人⁉　面白い！　新鮮すぎる！」

これはまさに宇宙からポトリと落とされたような小説じゃないか。今までこういった類の小説はなかった。

衝撃を受けた僕は、キム・ドンシクのことが気になって情報を集めた。そしてわかった、なぜ彼の小説が新鮮なのか。

キム・ドンシクはいわゆる「登竜門」作家ではない。ほとんどの小説家は何かしらの賞を受賞し、小説家の資格を得た人たちだ。登竜門をくぐれなかった受賞歴のない作家は、作家としては認められない雰囲気が文壇にはあるらしい。小説家になりたいのなら公募展で受賞すべきというのが公の不文律というわけだ。

しかし、キム・ドンシクはいかなる文学賞、公募展にも作品を提出していなかった。最初から小説家になろうという考えもなかった。

青春時代を働きながら過ごした彼は、一生のうちで読んだ本は10冊足らずで、専門的に作文を習ったこともないという。

なるほど。彼の文章から感じられる新鮮さは、間違いなくそこから来ている。まるで、調教されていない野生馬みたいなのだ。

彼が初めて小説を書いた場所はインターネット。それも文学とは縁遠い「今日のユーモア」というサイトの中の「怪奇掲示板」だった。

きっと、自分が書いたものが小説だとすら思っていなかっただろう。ただ、面白い話が書けたくらいに考えていたのではないだろうか。

今や有名になったキム・ドンシクは、中学を中退し、それからの10年間、ジッパーやベルトのバックルを作る鋳物《いもの》工場で熱い鉄を型に流し込む仕事をしていたという。退屈な毎日だっただろう。

そんなときに、楽しく見ていた「怪奇掲示板」に自作の物語をアップしたところ評判となり、たくさんの応援や感想のコメントが付き始めた。それを読むのが楽しくなって文章を書いてはアップし続けたという。

昼には工場で働き、夜には文章をアップするという生活を続け、わずか2年の間に340編の短編を書き上げた。

そしてネットで大人気となったこれらの物語は、本になって発行された。

こういう話を聞くと実にうれしい。競争で勝ち上がってきたわけじゃない人たちが、本人の魅力で人々を振り向かせたのだ。どこかに入り込もうと苦労するのではなく、自分の居場所で楽しく文章を書いていただけなのに、小説家になった。

誰かから認められて資格を得る方法もあるが、自ら資格を作ることもできる。

こんな話が、もっと聞こえてくるような世の中になってくれたらいいのにと思う。

成功は与えられるものではなく、開拓するもの

キム・ドンシクの作品に『場外人間』という本がある。彼自身、あらゆる面で「場外」に立つ人間なのかもしれない。

内側じゃない外側に立つアウトローだからこそできることがある。

外側に立つ者はしばしば、いや、その気になればいつだって観察者になれる。遠

く離れたところから群れを観察して、内側の人間の滑稽な姿を描き出す。内側に閉じこもっていては気づかないようなことを悟らせてくれる。

アウトサイダーは囲いの中に石を投じる者であり、同時に、群れを荒らすことはせず、自らの道を開拓する冒険家でもある。

そういう意味でも、キム・ドンシクは間違いなく場外人間だ。

しかし、彼が場外に立つ理由は、場に入れなかったからではない。彼は場外に飛び出したホームランボールなのだ。¶

すでに僕が大きいから
入れないだけだよな？

金のあるなしで〝上下〟を決めたくない

「カネをもっているやつが一番えらい。もはやアニキだよ」

韓国では冗談でよく使われる言葉だが、この言葉が嫌いだ。

資本主義社会によって、お金ですべての序列が決定づけられるようになった。自分より金持ちなら、年齢に関係なくアニキ扱いするという。

世の中がそうなってしまったなら仕方がない。でも、自分の口から年下の後輩をアニキと呼ぶのにはちょっと抵抗がある。お金で人間の優劣をジャッジする世界のルールに屈服したような気がするから。

「ごちそうさまでした、アニキ」

かくいう僕も、いつだったか、食事をおごってくれた後輩にうっかりアニキと言って、感謝の気持ちを伝えてしまったことがあった。

その瞬間、ハッとした。

ああ、別の言葉でだって感謝の気持ちを伝えることは十分できたのに、どうしてアニキと言ってしまったのか。

僕もいつの間にか資本主義式の序列にどっぷり浸かってしまっていたようだ。悲しかった。

年上なんだから自分のほうが上であるという、儒教的な考え方からではない。人間を上下で分けてしまう習慣への反省だった。

上下にとらわれず、軽やかに

この国では、年齢に対してもとりわけ敏感である。親しくなる前に最初に尋ねるのも「失礼ですが、何歳ですか?」だ。敬語で話すか、フランクに話すかを決めないと会話も成り立たないからだ。

道でぶつかった通行人がケンカを始めるときにも「貴様、何歳だ?」みたいな言葉がよく聞かれる。

日常的に上下を決めたがる慣習が、いつでも序列を決めさせにかかる。

人を上と下に分けないと関係が曖昧になり、不便だからだろうか？　わからない。

アメリカでは、老人と若者も友達感覚だと聞く。僕もこれからアメリカンスタイルで生きることにしたい。

みんな、分け隔てなく友達として付き合おうぜ。

うまかったぜ、マイメン。これからも僕と仲良くしてくれるよな？¶

君は上下の礼儀に
欠けているようだな

つらい人生ほど、笑えて最高だな

気に入っている小咄《こばなし》がある。まあたいしたものではなく、なんとなく場の空気を温めるためのまくらみたいなものだ。

すでに古典クラスの話なので知っている人も多いだろうが、披露してみよう。

息子「お母さん、僕、学校に行きたくない」

母　「どうかしたのかい？」

息子「先生たちが僕を無視するし、みんなも僕と遊んでくれないんだ。学校に行きたくないよ。今日は絶対行かない！」

母　「それでも学校には行かなきゃダメでしょ！　あなた校長なんだから」

わっはっは、大爆笑。

この話を聞いたのは高校生の頃だった。今でも覚えているのだから、相当面白かったのだろう。

面白さもさることながら、最後のどんでん返しは『シックス・センス』級だと思う。学校に行きたくないとダダをこねている主人公がまさかの校長だなんて。

すべての高校生がそうだと思うが、僕もやはり学校に行きたくなかった。授業は退屈だし、僕らを閉じ込めて押さえつける教師たちにも反感を抱いていた。

そんなときに聞いたこの話は、僕の目を大きく開かせてくれた。

「ああ、先生といえども学校に行きたくないことがあるんだなあ、僕らと変わらないんだなあ」

今、考えると当然の話だが、当時は大人の立場や気分にまで気を配ることなんてできなかった。ただの高校生だったから。

しかし、この話を聞いてからは、先生たちを違った視線で見られるようになった。あの先生も、今日は学校に行きたくなかったんじゃないか？　僕ら生徒がこれほど言うことを聞かないんだから、どれだけサボりたいと思っただろう。きっとすごく我慢しているんじゃないか？

ただ憎しみの対象でしかなかった教師たちが少しかわいそうに感じられた。

政治家の常套句である高尚な四字熟語「易地思之《ヨクチサジ》」（相手の立場になって考えるという意味）でさえ気づかせてくれなかったことを、ユーモアを通して学習できたのだから、僕にとっては特別な小咄だった。

✧ 大人だって泣きたいときもある

この話が僕にとって特別なのには、もう一つ理由がある。

会社に通っていた頃の話だ。会社に行くのが気が重かったある日、この話が再び思い出された。

でも、その時は笑えなかった。僕は校長の立場に自分を重ねるほどの大人になっていた。

会社に行かなくちゃ、僕は会社員だから。

重い足をずるずる引きずりながら会社へ向かう途中、どういうわけか、この話を絵本にしなくてはと思った。

そして出た本が『ぼくもがっこうにいきたくないよ』だ。〝文化体育観光部優秀図書〟に選定された政府お墨付きの本であるということは秘密にしない。それほどよい本だという話だ。

この絵本の主人公は小学校の先生なのだが、毎朝、学校に行きたくないとダダをこねる。学校に行くと校長先生に怒られるし、ＰＴＡとの会合はいつでも緊張するし、何より子どもたちが恐ろしいほど言うことを聞かない。

このまま逃げ出して旅にでも出てしまおうか……。あれこれと想像を巡らせた末、ついに決心する。


「だけど学校には行かなくちゃ。僕は先生なんだから」


子どもたちが読む本なのに主人公が学校に行きたくない先生だなんて、教育上よろしくないんじゃないのか？と突っかかってくる人もいるだろう。

それに反論するならば、この本の趣旨は、子どもたちにもこの主人公を思いきり笑ってほしいという点にある。

「アハハ、先生なのに、何これ？」

この本で、学校と先生によるストレスを少しでも笑い飛ばしてほしかった。

そして、僕がそうだったように、こんなことも思うだろう。

「先生も僕と同じなんだなあ。学校に行きたくないのは僕だけじゃないんだな」

遠くに感じていた先生に親近感を感じて、奇妙な連帯意識が生まれるのではないだろうか。そうやってお互いの立場を理解し合えれば、楽しい学校生活を送ることができるかもしれない。

まあ、これらすべてを計算して絵本を描いたというのは、たった今僕がでっち上げた話なんだけど。実際は単に、大人だって遊びたいということを伝えたくて描いたにすぎない。


時々、この絵本を楽しく読んだという子どもたちの声を先生や親たちを通して教えてもらうことがある。子どもよりも自分のほうが楽しんだという告白とともに。

それもそうかもしれない。この絵本は徹底して大人側の立場から描いたから。

子どもの絵本なのに、子どもの気持ちで描かなくていいのか？と言われるかもしれないが、そういう器用なことはできない。大人の僕に子どもの気持ちなんかわかるわけがない。

だけどこれだけはわかる。

大人の心も子どもの心も、大差はない。

だから大人の気持ちで絵本を描いていても悪くないと思う。それはすなわち子どもの気持ちだから。

たまに、自分が大人である気がしない。僕の中に子どもが居座っているような気がすることがしょっちゅうある。

僕はまだ子どもなのに、見た目だけはこんなふうに老け込んできてしまって、仕方なく大人のふりをして生きているのかもしれない。

つらいときこそ、笑おう

そうそう、面白いのは絵本を描いていた僕の姿だ。

会社から帰ると、家で絵本を描いた。疲れて眠りたいのに、描かずにはいられなかった。毎晩、絵を描きながら叫んだ。

「ああ、絵なんか描きたくない！　なんでこんなの描き始めちゃったんだろう！」

まったく、ちゃんちゃらおかしい話だ。学校に行きたくない先生の話を、絵を描きたくないイラストレーターが描いているのだから。

人生は、近くで見ると悲劇だが、遠くから見ると喜劇だという言葉の通り、僕の人生には笑いが絶えない。

これを書きながら、大人と子どもの違うところを一つ発見した。

つらいことに直面したとき、子どもは笑わないが、大人は笑うというところである。年齢からくる余裕なのか、あきらめなのか、はたまた悟りなのかわからないが、笑えるというのは大きな力だ。

つらい世の中を生きていくときには、怒りよりも笑いが助けになってくれる。

おかげで死ぬことなく無事に一日を終えられる。

ともすると僕は笑うために絵本を描き、エッセイを書いているのかもしれない。

この本も全部、笑い飛ばしてしまおうと書いたもの。

丸ごと笑いに昇華してやろう、ワハハ！¶

大人だから

わらおう

困難は主役の証明だ

「あなたは人生の主役として生きていますか？」

とあるバラエティ番組で、道行く人々にこんな質問をしていた。

そしてほとんどの人は、自分は主役じゃなくて助演だと答えた。エキストラだと答える人もいた。

その気持ちはなんとなくわかる。いつだってスポットライトはほかの人に向けられていて、自分の人生にはライトが当たってすらいない。

だけど、もし僕がこの質問をされたなら、ためらうことなくこう答える。

「僕は、自分の人生の主役として生きています」と。

映画で主役を担う俳優というのは、それなりのクラスの俳優、つまり「スター」である。彼らは華やかで、どこでも注目の的だ。だから誤解が生まれる。主役はキラキラしている存在だと。

でも、それは俳優自身が輝いているのであり、映画の中の主役はそうではない。たいていの映画やドラマ、小説の中の主役の人生は平凡だ。もちろん主役がヒーローや宇宙人、億万長者みたいに特別な場合もあるが、ほとんどの主役は僕らと変わらない平凡な人物だ。

どうすれば平凡な人物が物語になるかというと、まずは主役に何かしらの問題が起こる。平凡な営業マンが事故でトンネルに閉じ込められるとか（『トンネル 闇に鎖《とざ》された男』）、平凡なタクシー運転手が痛ましい歴史の現場のど真ん中にいる（『タクシー運転手 約束は海を越えて』）といったふうだ。

必ずしも命の危険にさらされる大事件の物語ばかりではない。些細な問題でも十分にテーマとなりえる。

借金を回収しに昔の彼氏を訪ねるとか（『素晴らしい一日』）、15年前の初恋の相手がクライアントとして訪ねてくるとか（『建築学概論』）、日常的な心の機微も一編の映画になる。

重要なのは、何の問題もなく物語は始まらないという点だ。

結局、主役とは問題を乗り越えた人物だといえるだろう。ただひたすらにキラキラ輝く人生を生きる存在ではない。さまざまなことに悩み、痛みを味わった存在なのだ。

✧ どんな人生でも、主役は〝私〟

人生を一編の映画にたとえてみると、あなたの人生の主役は誰だろうか？

数えきれないほどの出来事に悩み、苦しみ、泣いて笑っている主役は？

見て、聞いて、考えているその体の持ち主は誰だろうか？

——そう、あなただ。

「今、抱えている悩み、不安、悲しみがいっそ他人の話なら気楽に見ていられるのに……」

これこそ、自分が主役である証拠だ。

生きるのがつらくて、まるで罰を受けているような気分になるたびに僕は、困難に直面した映画の中の主役たちを思い浮かべたりもする。出口のない罠にはめられた彼らのような状況に、僕もいるのだと。

カメラは回り続けている。戦うにしろ、じっと耐えるにしろ、僕は演技を続ける。

そして、いつでも問題を解決していくのは主役だ。あきらめて引き下がったりはしない。僕らだってそうだ。過去に戻ったことなどない。

世の中は主役のように見える人々で溢《あふ》れているが、彼らだって自分から見れば助演に過ぎない。

ヒョンビンもコン・ユも僕の人生ではただ通り過ぎるだけのエキストラ。僕の映画では僕が主役だから。

この映画は、平凡な人物の悩みと成長を描いたヒューマンドラマだ。だから僕が任されている役は、成功している人々をうらやましく思いながらも、与えられた自らの人生を開拓しながら前進する人物だ。

そんなふうに、誰もが自分の人生の主役を生きている。¶

主役は

いつだって

試練と隣り合わせだ

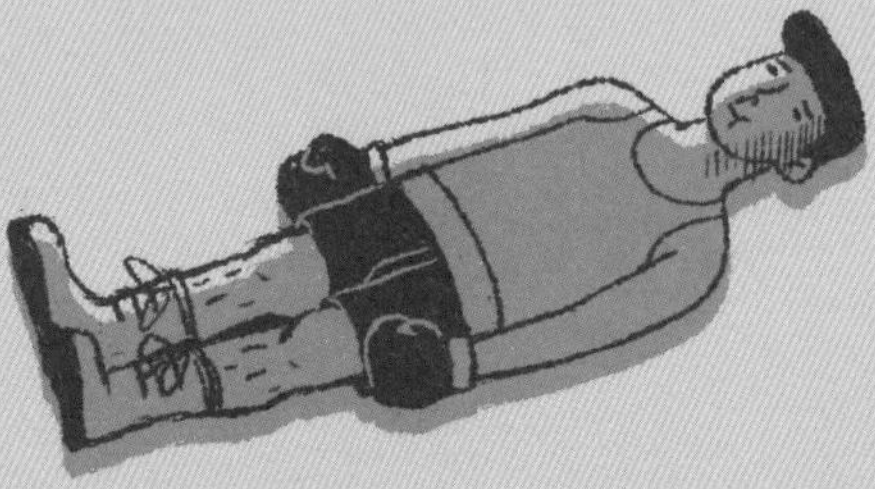

人生なんて、わけのわからないゲームだからしょうがない

しばしば、人生はスポーツにたとえられたりもする。

でもスポーツは同じ条件下で平等に実力を競うものなのに、人生という競技はちょっとおかしい。

わかりやすいようにトラック競技を例に出すと、人生という競技では選手ごとにスタートラインの位置がバラバラだ。

誰かのラインは前のほうにあり、誰かはうんと後ろにある。そして誰かは車に乗って競技場を走り、誰かは自転車で、誰かは自力かつ素足で走っている。

スタートの号砲も選手によってまちまちだ。みんな、生まれた瞬間から競技が始まるのだが、誕生日は人それぞれなので、僕より1年早くスタートした人もいれば、50年早くスタートした人もいる。

この競争の参加者は、約77億人くらいだ。韓国リーグだけで見ても5000万人。

それだけの人間がもつれ合いながら競争している。

スタートラインも、移動手段も、出発時期も違う。テレビでこの大騒ぎを観戦している人がいたら、きっとこんなことを言うに違いない。

「これは一体、何のゲームだ？」

確かにこれは何のゲームだろう？　僕らが知っているスポーツとも違う。

僕には、世の中をわかったような気になっていた時期があった。世の原理は単純なゲームのようなもので、個人の努力によって勝敗が決まると信じていた。

だから、昼間からぶらぶらしているような大人を見るにつけ、努力不足だからそんなざまなんだろうと思っていた。

敗北者たちめ。酔っ払って「世の中が悪い」だの「政治家が悪い」だのと地下鉄でわめき散らしている無能な人間たちよ。

絶対にああはなりたくないと心に決めていた。努力の熱狂的な信奉者だったから、環境のせいにするのは卑怯だし、努力で成せないことはないと信じていたからだ。いや、今思えば、そう信じたかっただけなのかもしれないけど。

時が流れ、僕は大人になった。昔、小バカにしていた取り柄のない大人に。必死に努力してきたけど、どういうわけかこのざまだ。努力が足りなかったんだろうか。

人生に成功法則なんてない

ジャコ・ヴァン・ドルマル監督の映画『ミスター・ノーバディ』はこんな場面から始まる。

ボタンを押すとエサが出る仕掛けを作った箱の中に鳩を閉じ込める。鳩はボタンとエサの関係をすぐに学習し、ボタンを押してエサを食べるようになる。

次に、20秒ごとに自動でエサが出るように設定を変えると、鳩は考える。どうすればエサが出るのだろうか？

鳩が翼を動かしたときに偶然エサが出ると、鳩は翼の動きとエサに関連性があると信じ込む。以降、鳩はエサが出るたびに翼を動かし続ける。自動でエサが出ているとは知るよしもなく。

この鳩の実験の場面のすぐ後に続くシーンで、冷たい死体となった主人公が自らに問いかける。

「一体僕が何をしたのだろうか？」

それはこっちが言いたいせりふだ。一体僕が何をしたのだろうか？　映画の主人公も、僕も鳩も、正確な原因がわからない。翼を動かせばエサが出ると信じていたのに、もうわからない。この世界の仕組みがさっぱりわからない。

ここに二人の人物がいるとしよう。たとえその二人が、まったく同じ努力をしたとしても、同じ結果になるとは限らない。

まず二人は外見が違い、家庭環境が違い、性格も違う。生まれつきの才能が、四柱推命が、付き合う友人が違う。二人の相違点をあげればキリがない。

そんな不確定要素に満ちた二人の結果がどう転ぶかなんて予測不可能だ。翼を動かせばいいとか、足踏みをすればいいとか言って、的外れな行動をとるだけだ。世の中をわかった気になっていた自分が恥ずかしい。

すべてが自分のせいだと思ってない？

40歳になった年、僕は一つの実験を行った。

1年間だけは何の努力もせずに生きてみることにしたのだ。やりたくないことはせず、気の向くままに生きてみた。一度もやったことのない挑戦が僕の人生をどうデザインしていくのかに関心があった。

当たり前だが、そんな生き方が持続するわけがないはずだから、1年も過ぎたらまた元のように一生懸命に生きようと思っていた。

でも結局、いまだに一生懸命生きていない。つらい努力をやめた1年間で、僕の人生は大きく変わったのだ。

これは、「努力は無意味だ」「努力をやめよう」という主張ではない。もし、そんな主張をするようなら、それこそ「翼を動かすのではなく、足踏みすればエサが出るぞ」みたいな、見当外れな意見と変わらない。

僕も何が自分の人生を変えたのか、まったく検討がつかない。

1年後に人生がどう変化するのかも想像がつかずに困っている。少なくとも以前は信念があり、ルールもあったのだけど、今はわからない。

わかったことは、自分が無知であるという事実だけだ。おかげで少し謙虚になれた。

人生とは単純じゃないから、何か一つの原因だけが結果を生み出すのではないということも、この年になってわかった。

だから、すべてが自分の責任で、自分の努力のせいであるという考えは捨てた。
それは謙虚さに欠ける考え方だ。
すみません、もう二度とつけあがったりしませんから。¶

ルールのわからない
ゲームに誘われた

そろそろ違う生き方をしてみたかったから

時折、退職に関する質問を受ける。「会社を辞めたほうがいいでしょうか?」というものから、「会社を辞めたら何をして食べていけばいいでしょう?」というものまで。

そんな質問を受けるたびに、こう思う。

そんな重要なことを、なぜ僕なんかに聞くんだ?

僕だってお先真っ暗だよ……。

僕のことを成功した退職者か何かと考えているようだが、それは100%誤解だ。僕なんかをお手本にしたら人生が狂ってしまうと思う。

僕は計画を練って退職したのではない。先ほどの質問者と同じく悩みに悩んだが、半ば衝動的に退職したようなものだ。だから、誰かにアドバイスができるような身分じゃない。

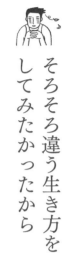

幸いなことに本が出せて、たまたまそれがヒットしたおかげで会社に戻ることもなく、それなりに食いつないでいけている。だが、それだって最初から予測できていたことではもちろんない。単純に、ただ運が良かっただけだ。

そんなわけで数多くの退職の悩み相談には、こう答えるほかない。

「そうですねえ、もう少しだけ我慢してみたらどうですか？　退職がすべてを解決してくれるわけじゃありませんよ」

会社を辞めたら人生がもっと良くなることもあるし、逆にもっと悪くなることもある。だから、辞めたいなら辞めたほうがいいですよ、なんて無責任なことを言えるわけがない。

じゃあ、このまま会社に残って我慢し続けるのが正解かと尋ねられると、それも違うとしか言えない。

結局、僕にもわからないのだ。

ともすると、これは退職に限った問題ではない。生きる姿勢の問題だ。

僕らはたくさんの選択肢から、どれかを選びながら生きている。

そして、選択にはいつだって怖さが伴う。自分の選択がどんな結果につながるかわからないからだ。

先のことはわからない。この不確かさが僕らを臆病にさせる。

この選択で人生が良くなるのだろうか？　もしかして悪くなるかも？

誰もわからない。

結果を知る方法は、その道を進んでみること、たった一つだけだ。

その方法しかない。

実は僕は、昔からひどい怖がりで、ずっとびくびくしながら生きてきた。そのせいなのか、40歳が近づいてから、そろそろ違う生き方もしてみたくなった。自分でも飽きてきたのだろうか。

それに、失うものもないくせに怖がっている自分が情けなかった。

そんなにうまくいっている人生でもないのに、何か心配することがあるのか？

そう考えたら、妙に勇気が湧いてきた。いや、自分の思い通りにならない人生にたてつきたかっただけかもしれないけど。

とにかく、人生で初めて、ドンと思いきり生きてみようという気になったのだ。

そして決行してしまった。その結果、僕の人生はなんだか不思議な方向に流れて行っている。

もちろん、良い方向に。この先もこのまま流れ続けてくれるといいのだが……。

✧「なるようになる」が人生を面白く変える

僕らには「なるようになる」精神が必要だ。

「なるようになる」は、行き当たりばったりで適当に生きようという意味ではない。怖がらないで行こうという意味だ。どうなるかわからないけれど、ひとまずやってみようと腹をくくるのだ。どうなろうとその結果を受け入れようという責任ある生き方とも言える。

どうなるかわからないから「怖い」じゃなくて、どうなるかわからないから「気になる」という気持ちで生きれば人生はもっと面白くなるはず。

人生の本質は〝不確かさ〟だ。

人間がどれだけ予測して計画を立て、苦労して対策を練っても、完璧に未来への準備ができるわけではない。

僕らは不確かさを楽しまなくちゃ。それでこそもう少し軽やかになれる。

ひょっとしたら、人生とは僕らが考えるほど重たいものではないのかもしれない。

それに、もし重くて怖いものだとしても、ブルブル震えながら生きていくなんて御免だ。軽やかに生きたい。恐れよりも好奇心で生きていたい。

人生が僕をどこへ連れて行こうとも、たとえそれが今よりもっとつつましやかな暮らしを強いられるところだとしても、僕はそこでうまくやっていけると思う。そう、自分を信じている。

ああ、何の根拠もなく湧き上がるこの信念。本当に無鉄砲だ。

あれ、なぜだかまた身震いが……ん？　武者震いですよ……？¶

失うものがないから……

結婚は「義務」ではなく「選択」だ

「未婚で子なし。責任を負うものがないからキミはそんなに気楽なんだろ?」

たまに、このようなお怒りめいた(?)ことを言われる。

もちろん間違いじゃないけど、ちょっとひどいな。

僕はみんなに〝僕のように生きろ〟と強要したことはない。ただ好きでこういう生き方を選んでいるだけだ。

お怒りのみなさんだって、自分で結婚することを選択して子どもをもうけたはずなのに、なぜ突っかかるんだろう?

韓国には「無子息《ムジャクシク》 上八字《サンパルチャ》(子どもがいないのは幸運である)」なんてことわざもあるじゃないか。僕は先人の教えに従って生きているだけだ。

結婚や出産には、とりわけ大きな責任と犠牲が付いて回る。その辺はよくわかっているつもりだ。

だから僕は結婚ができない。僕は無能で自分勝手な人間だから、今みたいに生きるくらいでちょうどいいと思う。

向いてない人間が結婚するとどういうことが起きるのかは、ずっと間近で見てきた。むやみに結婚してたくさんの人につらい思いをさせたくはない。

というか正直、僕一人の責任を負うだけでも精一杯だ。だから僕は能力がない者として、自らすすんで独身を選んでいるようなものだ。

それでもご納得いただけないような既婚者のみなさんのために、独身が強いられる生き方をご紹介しよう。

たとえば、時々、このまま老けていく自分を想像して悲しくなる。独り身のまま、老け込んでいく僕を……（ああ、想像した途端に悲しくなった）。

毎日一人でご飯を食べて、携帯も鳴らない。僕の生存を気に掛けてくれる家族も、頼れる人もいないから、すべてを自分で解決しなければならない。きっと狭小アパートで一人暮らしを続け、やがて孤独死のコースだろう。

ジ・エンド。僕の遺伝子は後世に受け継がれることなく途絶える。絶滅危惧人間だ。「リメンバー・ミー！」と叫んだところで、僕のことを覚えていてくれる子孫はいない。ああ……ちょっと涙拭いてきていい？
僕が選んだ生き方とはこういうものだ。うらやましがられる要素ゼロでしょ？
どんな選択をしたとしても、それなりの対価があるのが世の常である。
お願いだから、自分の責任は自分でとるのでそっとしておいてほしい。

結婚は選択項目の一つに過ぎない

この国では、結婚しないとか子どもをもうけないでいると、ひどい反感を買う。親からの恨み節に始まり、兄弟、親戚、友人、職場の上司、タクシーの運転手、地下鉄で隣り合っただけのどこかのお婆ちゃんに至るまで、あらゆる人から訓戒を垂れられる羽目になる。

僕なんか、ＳＮＳのコメント欄で見知らぬ人からも結婚して子をもうけろと言われる始末だ。「結婚して子をもうけろ」という言葉は「盗みを犯すな」「人を殺すな」と同レベルの絶対的に正しい言葉である、というような捨てぜりふを残してそいつは去っていった。朝鮮王朝時代の話ではなく、21世紀に本当に起きた出来事だ。やれやれ。

あの大御所歌手キム・ヨンジャでさえ、ヒット曲「アモール・ファティ」の中でこう歌っていたじゃないか。

「恋愛は必須、結婚は選択♪」

以前なら、結婚は選択の領域になく、嫌でも避けて通れない人生の一大イベントだった。しかし今では選択項目になっている。選択肢が増えることをどうして悪く考えられるんだろう。

非婚やディンクスという生き方を選ぶのはあくまでも個人の自由なのに、まるで一掃すべき悪のような扱いを受ける。

ずっと当たり前と考えられてきた慣習だから理解できなくはないけれど、あんまりじゃないか。

科学的な観点では、人間は動物であり、もっとも重要な本能は〝生存〟と〝繁殖〟だ。ともすると、すべての生命の存在理由はそれ以上でも以下でもないように思う。だから僕なんかは、本能に逆らう者であり、種の発展にはじゃまとなる存在なのだろう。

ああ、サイレンの音が聞こえてきた。

「落伍者、発見！」

種を維持する義務に反した者を野放しにしておくわけにはいかない。

僕に対する叫び声が世界中から聞こえる。

「繁殖しろ！　繁殖しろ！」

まるで〝人類〟という種全体と対峙しているような気分だ。


出生率が低下して、この先、大問題が起きると言われ始めて久しいが、僕自身はそれほど心配していない。

今はそうかもしれないが、10年後にはとても住みやすい世の中になっていて、子どももたくさん生まれているかもしれないじゃないか。

出生率が低下したとだけ言っても、それがどうつながっていくのかは経験してみないとわからない。世の中はいつでも変化を繰り返してきて、これもまた、移ろいゆく世界の一つの姿だ。

人々が子どもを少ししか生まないことも、世の中と価値観の変化による自然な現象だ。個人の自由と選択を否定して責め立てても、子どもが生まれやすくなるわけじゃないし。

子どもが減るならばそれに合わせて生きていくだけだろう？

みんなが子どもを生まないことには理由があるのだ。子どもがたくさん生まれればすべての問題が解決すると信じるのは、天真爛漫すぎるんじゃない？

子どもが増えれば増えたで、また別の問題が生じるはずだから。

✧ 親のため、人類のために結婚するの？

ユヴァル・ノア・ハラリの世界的ベストセラー『サピエンス全史』には、こういうくだりがある。

進化の観点での〝成功〟というのは生存と繁殖に限って判断されるものであり、個体の幸せや苦痛は考慮の対象ではないと。

すなわち、種の構成員が幸せであれ不幸であれ、数さえ多ければ成功した種とみなされるのだ。

出生率が下がる理由も考えず、無条件に生めよ増やせよと叫ぶ一部の人々と論理が重なる。個人個人の幸せには関心がなく、ただ経済成長のためだけに生ませようとするのだ。

ははぁ、そう来るか。じゃあ僕も黙ってはいないぞ。

僕は種の成功には関心がない。子どもを生みたければ生めばいいいし、経済が危険にさらされるという脅しにもゆるぎはしない。僕の幸せが第一だ。

非婚やディンクスに対して「自分勝手だ」という人がいるけれど、それのどこが自分勝手なのかと思う。

人類のために、または国の経済のためにも生むべきだ、という人こそ間違えていると思う。

自分の幸せのためにするのが結婚であり、出産のはずだから。

誰かのためにしてはならないのだ。

ああ生きろ、こう生きろと、僕らの周りには余計なお世話が溢れているけれど、正直、世間は個人の幸せになんか関心がない。だからこそ、自分を幸せにできるのは自分だけだ。

もちろん、「人の親になることとは、人生でもっとも価値があり、幸せなことだ」という言葉を否定する気はまったくない。

僕も同感だ。多くの人が経済的な理由から結婚や出産をあきらめなくていい社会になってくれることを心から願っている。

だけど、すべての人類が結婚して親になれば幸せかというとそうではないと思う。

親になってはいけない人が親になっているケースも実に多く見てきた。本人も苦しいかもしれないが、子どもはもっとつらく苦しくて悲しいから。

幸せな生き方は人それぞれ

歯に衣着せぬ物言いで有名なジャーナリストのキム・オジュンは、以前、とあるセミナーでこんなことを話している。

「僕のところに寄せられる、20~30代女性の悩み相談の半分は同じ内容である」と。

その、数万人の共通の悩みとはこういうものだった。

「長く付き合っている彼氏がいます。彼を愛していますが経済的には不満です。新しく出会った男性はときめかないけれど、経済力はあります。私はどちらと結婚したらよいのでしょう?」

驚くことに、ここに登場する男の職業や名前が変わるだけで、内容は本当に同じらしい。この悩み相談にキム・オジュンはこう答えた。

「経済力があれば、愛がなくても満足して結婚生活をうまく送る人もいる。逆に桁外れの金持ちと結婚しても愛がないと離婚に至る人もいる。人間とは人それぞれ。

だから、この質問は〝私はどういう人物なのでしょうか〟と問うていることと変わらない。こんなバカげた質問がどこにありますか？　質問者がどういう人物で、どう生きれば幸せを感じる人物なのかを、本人に代わって僕に答えろと言っているようなものですからね」

その通りだ。世の中に正解も不正解もない。

最初から万人に当てはまる答えなんてない。

本人がどう生きれば幸せなのかを自ら問うのが先だ。

それでこそ、親となることができ、幸せな独身になることができる。

確かなことは、幸せな人は、自分と同じ人生や生き方を他人に強要したりしないということだ。

自分が幸せかどうかわからない人だけが、他人の人生を否定する。

「自分のように生きろ」と言うのだ。

それでこそ、自分の選んだ生き方を肯定できるからに過ぎない。¶

君のは本当の幸せじゃない！
結婚して子どもをもうけるのが
真の幸せだ！　だからさっさと
結婚して子どもを作れ！

この本が微妙だと感じてきたあなたへの言い訳

初めて平壌《ピョンヤン》冷麺を食べた日のことを思い出す。

それは、蒸し暑い夏の日だった。キリッと冷えた冷麺が食べたくて、〝麺屋〟と書かれた看板だけを見て店に飛び込んだ。

あとで知ったのだが、その店こそ、かの有名な平壌冷麺の店だった。

僕が知る冷麺とは、スープに氷が浮いていて、酢とからしをかけて食べる冷たい冷麺だけだったし、その日も当然それを期待していた。

しかし、その店で注文した水冷麺（汁ありの冷麺）は、ビジュアルからして疑わしかった。

まず、必ず浮かんでいるはずの氷がない。口に運んでみたら想像どおりぬるかった。こんなものが冷麺と呼べるのか？

汁の味はもっと衝撃的だった。まるで味付けされていないただの水というか、もう少し正確に表現するならば、ぞうきんを軽くすすいだような臭いがする水っぽい汁だった。

これはとても人間の食べる代物ではないぞ……。

ひょっとして僕の冷麺だけ何かの手違いでこうなっているのか？

今すぐオーナーを呼びつけて問い詰めたい衝動に駆られたが、良識ある心の広い人間なので、静かに箸を置き、代金を払って店を出た。

そのときに一つ、しっかり学んだことがある。

〝冷麺が食べたいなら平壌からできるだけ離れるべし〟だ。


あれからずいぶんたった今、どういうわけかあちこちで平壌冷麺を称賛する声が聞こえ始めた。僕の好きなグルメ番組でさえ、何度も平壌冷麺を取り上げるくらいに平壌冷麺ブームが起こっている。

平壌冷麺を絶賛する人たちは自らをグルメだと豪語し、この味がわからない人はお子ちゃま舌だとまで言った。

くそ〜、バカにしやがって。平壌冷麺がおいしいと感じることがそんなにすごいのか？

だけど一方で好奇心も湧いた。一体どんな魅力があって、平壊冷麺がここまで多くの人々の心をつかんでいるのだろう？　僕が過去に出会った平壊冷麺は、たまたまハズレくじを引いただけだったのかもしれない。

というわけで、いそいそと別の平壊冷麺の店に出掛けてみた。

……最初に食べたときと同じだ。

この店の冷麺も味がなくてぬるかった。

さすがに一度経験していたので前回ほどの衝撃はなく、味は相変わらずビミョーだったが、麺はなんとか食べられた。

〝嫌い〟の判断を遅らせると、人生に奥行きが生まれる

それ以降もしばしば平壊冷麺を食べた。わざわざ行くことはなかったが、たまたまそうなったときにはその日の運命を受け入れて平壊冷麺を食べた。純粋な好奇心からだった。

好奇心とは、人を動かす実に強力な原動力となる。たとえそれが危険で無謀なこ

とであっても。

ほら、ホラー映画だって登場人物たちはどう見てもヤバそうな扉をわざわざこじ開けてやられたりするじゃないか。あれも好奇心のなせるわざなのだろう（え？）。とにかく、僕は危険な扉を開けてしまったのかもしれない。

そして知らないうちにやられていた。今ではおいしいと評判の平壊冷麺の店にわざわざ出掛けて食べるほどハマっている。

別に驚くことでもない。これが平壊冷麺の一般的な入門順序だ。

最初からとりこになる人もいるが、ほとんどの人が初めはびっくりする。そして何度かチャンレンジするうちに、その味を理解していくという段階を踏むのだ。

世の中には最初から〝自分好みだ〟と思うものがある。かと思えば、一回でハマることはなく、何度か試すうちにハマるものもある。

だから第一印象で嫌いだとバッサリ切り捨ててしまうのは、少しもったいない気がする。

もちろん、何度か試してもやはり嫌いだという場合もある。だけど一生楽しめる良い友になれるかどうかは、一度試したくらいではわからないものだ。

僕らはもっと寛大になったほうがいい。口に合わない食事を何度か試してみるくらいの心の余裕をもって暮らしたほうが楽しい。

失敗しないことだけを追求していると、本当にハマる好みにも出会えない。

つまり、僕のコラムがあなたの好みに合わないからって本を閉じてしまうのは、もったいない判断であるってこと。この本、後でやみつきになるから、絶対。¶

僕の好みじゃないなあ

ムダな時間こそ大切にしたい

朝、いや正確には昼、目を覚まして最初にすることが、コーヒーを淹《い》れることだ。コーヒーを飲まないと一日が始まらない。眠っていた体と精神を再起動させるには、予熱が必要だ。

熱いコーヒーが胃腸を巡って体を温める。そうやってぼんやり座ってコーヒーを飲みながら、今日一日をどう生きるかの準備をする。

このなんでもない時間が好きだ。コーヒーの良い香りと、マグカップを包み込む手に伝わる温かさ。なんだか、今日も無事に過ごせそうな予感までする。

コーヒーじゃなく、ほかの飲み物でもこんなスタートがきれるのだろうか？

いや、やっぱり僕はコーヒーだな。コーヒー中毒と呼べるほどにコーヒーが好きだ。いつからこんなにコーヒーにハマってしまったんだろう。

コーヒーを飲むときは基本、ブラックだ。甘い飲み物が好きじゃないのと、牛乳を飲むとお腹をこわしがちなのでカフェラテやカプチーノといった類のコーヒーは飲めない。

そもそもあの甘さがダメで、ちょっとでも口に入るとすぐにでも歯磨きをしたくなる面倒くさい性分だ。だからブラックコーヒーを飲むのは宿命であり、中でもアメリカンの信奉者だ。

アメリカンが好きだから、その原液ともいえるエスプレッソもきっと好きだろうと思って飲んでみたことがある。

でも、一口すすって驚いた。

「わっ、しょっぱい」

〝苦い〟じゃなくて〝しょっぱい〟と思った。コーヒーがしょっぱいわけないのだが、そう感じた。きっとあまりの苦さに脳が驚いてバグったのかもしれない。

それ以降、エスプレッソは飲んでいない。僕には苦すぎるうえに、量も少ないからだ。

僕はコーヒーの味だけでなく、コーヒーを飲んでいる時間そのものを楽しんでいる。だから、さっと飲み終わるエスプレッソはむなしいと思ってしまう。なんだか急いで〝注入〟しているみたいで。そんなコーヒータイムは短すぎて困る。

時間を浪費してこそ、正しい休憩なのだ。

そのすべてをカバーするアメリカンコーヒーこそ、余裕のあるコーヒータイムを保証してくれる。フーフー冷ましながら飲むと、精一杯だったところに余裕が生まれる。そんな理由から、アイスよりもホットが好きだ。

一杯のコーヒーが人生に余裕をもたらす

そういえば、コーヒーに関連する最初の記憶がよみがえった。

僕がカフェに初めて行ったのは浪人生の頃だった。

ある日、同じ予備校に通っていた女の子が何か飲み物をおごってくれるというので、彼女についてカフェに行った。

生まれて初めてカフェという所に行った僕は少し緊張していた。何を飲みたいかと聞かれたので、僕はメニューをザッと見て「オレンジジュース！」と答えた（そのときはまだコーヒーを飲んだことがなかった）。

注文したオレンジジュースが運ばれてくると、のどが渇いていた僕は一息でそれを飲み終えた。

飲み終えたから店を出なきゃと思ったが、向かいに座った女の子は立ち上がる気配すらなかった。ましてや飲み物を飲むこともなく、当時、カフェのテーブルに設置されていた有線電話機を使って、ポケベルに残されたメッセージを確認しながら優雅に過ごしている。

飲み物を飲みに来たんだから、早く飲むべきだろう？

さっさと飲んで出ていけって店の人に思われない？

そう思った僕は「早く飲み終えて出ようよ」と催促し、15分もたたないうちに店を出たのだった。カフェという所が、飲み物を注文してゆったりと時間を過ごす場所だということを知らなかった。

だからそこで彼女と会話しようということなんか思いもしなかった。まったく余裕のないやつだった。もともとせっかちなタイプということもあり、何事もゆっくり楽しむことは頭になく、さっさと終えたくてたまらなかった。

女の子と二人きりで向かい合って座る状況も初めてだったので、余計にわけがわからなくなっていたのかも。

それ以降、その女の子とカフェに行くことは二度となかった……。

あのとき、オレンジジュースじゃなくてコーヒーを注文していたら、どうなっていただろう。

熱いコーヒーは一気飲みできないから、ゆっくり飲むはずだし、そうなるとあれこれ会話もできたんじゃないだろうか。楽しい思い出になったかもしれない。

僕はコーヒーが好きになってから初めて、人生に余裕が生まれたと固く信じている。¶

急がば、コーヒータイム

ネットサーフィンだって素晴らしい趣味だと思います

これまで誰にも明かしたことがない、秘密の趣味がある。

それはずばり、サーフィンだ。ボードを小脇に抱えて海に飛び出すことを想像するだけで胸が躍る。フフフ。

ここでいうボードとは、もちろんサーフボードではなく、キーボードだ。

そう、僕の趣味は〝ネットサーフィン〟だ。

おや？　なぜみんなほっとしたような顔をするのかな？

ネットサーフィンは実に面白い。今日も今日とて、コラムを書こうとパソコンの前に座ったが最後、ネットサーフィンに数時間を費やしてしまった。

ああ、こんなことを趣味だなんて言っている自分に幻滅だ。

こんな感じだから、趣味は何かという質問にはどうしてもためらってしまう。どう考えても僕にはこれといった趣味が見当たらない。まったく、何だって趣味ごときでこんなに挫折感を味わわないといけないのか。

そもそも趣味とは、娯楽目的ですることを指す。それなら僕にもそういうものはある。

まず、映画鑑賞。映画が好きだ。子どもの頃から今までずっと、飽きもせず映画を楽しんでいる。読書も好きだ。テレビでバラエティ番組を見るのも好きだし、おしゃれなカフェや旨い店を訪ね歩くのも好きだ。出掛けなくても服を引っ張り出してあれこれコーディネートしてみるのも好きだ。

これらは誰かに強要されたわけじゃなく、全部楽しいからやっている。だけど、こんなものが趣味とは呼べない。なんかひねりがなさすぎる。だからひっそり楽しむしかない。

……そうか！

僕は趣味がないんじゃなくて、人に言えるような趣味がないだけだった。

あまりにも平凡すぎて、誰かに自慢できるようなものじゃないだけ。

気づかないうちに他人の視線に左右されていたのだろうか。楽しみたくてやっていることなのに、他人の目を意識しているなんて悲しいことだ。

興味の対象とは常に変わるものだから、趣味もその時々で変化するケースが多い。

そんな中、ずっと変わらず持ち続けてきた趣味が一つだけあったけど、今はなくなった。

それは絵を描くことだ。幼い頃から絵を描くことは僕の友人であり、避難所であり、娯楽だった。絵を描いていたら時のたつのも忘れてしまうほど、まさに素晴らしい趣味だった。

だけど絵を描くことが職業となってからは楽しめなくなった。以前は誰に頼まれるでもなく、ひまさえあれば絵を描いていたものだが、今は仕事以外では描いていない。

近頃、コラムを書くのがおっくうな理由もそのためではないかと思う。どんなにヤブだと叫んだところで、お金を出して買ってもらう本に載せる文章である以上、趣味の世界から抜け出さないといけない。

寝食を忘れるくらいに好きなことでも、仕事になってしまったら、以前みたいに楽しめなくなるようだ。

だから僕には新しい趣味が必要だ。純度100%の趣味が。

自分が楽しければ、それでいい

知り合いに習い事マニアがいる。彼女が習ってきたことを羅列すると、ひもを結んで飾りを作るマクラメ、籐《とう》を編むラタン工芸に始まり、ワラ工芸、ろうそく作り、せっけん作り、民画、ポジャギ（韓国式パッチワーク）などだ。それも単純な体験レベルではなく、すべてを誰かに教えられるレベルまで習いきっている。

それでも飽き足らず、まだ何か新しいものを習いたいのだと言う。

周りからは「お金でも余ってるの？」「応用の利かないものを習ってどうするの？」「なんでそんなにあれこれ手が出せるの？」みたいなことを言われるようだ。僕も言ってしまったかもしれない。

「私、間違えているのかな……？」

そんな言葉に傷つき、彼女には習い事をやめていた時期があった。その間、だんだんと元気がなくなっていった。毎日を生きる楽しみが見出せないと。

そして急に腹が立ったと言う。自分のお金と時間を使って習い事をするのに、なぜ人からあれこれ言われなきゃならないのか。

そうだ。言ってみれば趣味なんてどこかで活用するためにやるものではない。やっていて楽しくなくなれば、同時に趣味としての資格もなくなるのだ。

僕らはつい何事も効用と努力のものさしで測ろうとしてしまう。趣味としてやっていることにまで。これは絶対におかしい。

彼女は好奇心旺盛な人間で、何か新しいことを学んで身に付けること自体を楽しむタイプなのだ。

最近、彼女は好奇心の赴くまま、新たな習い事に忙しそうだ。もう誰かに横槍を入れられても自分の楽しみを優先することに決めたと言っていた。

今年は伝統芸能のパンソリを習うのが目標だそうだ。そう話す顔が眩しかった。¶

吐け！
趣味は何だ！
う～絶対に
言うもんか

僕が定期的に肉料理を食べる理由

ひどく貧しかった僕の父は、母と結婚するまで肉を食べたことがなかったそうだ。ずっと食わず嫌いをしていて、母が初めて豚肉炒めを作ったときも口にすることを頑《かたく》なに拒んだ。

しかし、あまりに勧められるので一口だけ食べてみたところ、これがもう、天にも昇る美味だったという。こんなに旨いものが世の中にあるのかと。以降、豚肉炒めは父の一番のお気に入りメニューとなった。

後に母は、その日のことを後悔したそうだ。お金も稼いでこない父が、肉がないと飯が食えないと言うようになってしまったから。

僕も父のように未体験のものを怖がる性分だ。体験していないことにあれこれ理由をつけて嫌いだと決めつけていた。

いや、好きになってしまうことを恐れて避けてきたふしもある。貧しさは、人を小さい殻に閉じ込めさせてしまう。どうせ好きなものができても手に入れられず、悲しくなるだけだと幼少の頃に身をもって知ってしまったから。

少しずつ世間の味を知ったのは、恋愛するようになってからだ。貧乏で怖がりなやつに、なんで彼女ができるんだと訝《いぶか》しがる声が聞こえてきそうだが、女性たちが放っておかなかったからとしか言えない（まあ、ここは大らかな心で、一つ）。

とにかく、20歳を過ぎて初めて彼女ができて以降、僕はずっと〝恋する人〟として生きてきた。

おかげで一人だったら絶対に行かなかったようなところにも行けたし、食べることもなかった料理も味わえた。恋愛をしながら新しい経験をたくさん積んだ。

僕ってこういうことが好きなのか、こういうことが嫌いなのかと、今の嗜好は自分一人で作り上げたものではない。

そんな意味でも僕を導いてくれた数多くの（コホン）女性たちには感謝しかない。

恋愛は、相手のことを知っていくと同時に自分のことを知る過程でもある。

自分がどこまでいい人でいられるのか、それとも卑劣になるのか、自分でも知らなかった自分に出会うことにもなる。

赤裸々な自分に出会うことは、決して愉快なことではない。自分の中に潜む悪魔というか、けものというか、とにかく真っ黒な何かが顔を出したときは全否定したくなる。

しかし、この姿がまた、間違いなく僕の一部であり、嫌なところだ。

自分のダークサイドとの上手な付き合い方

映画『ライフ・オブ・パイ／トラと漂流した227日』は、トラと一緒に救命ボートで漂流する少年の話だ。

逃げ場もない大海のど真ん中で、いつ自分に襲い掛かるかもわからないけものと救命ボートに乗り合わせるという設定は意味深長だ。

映画を観た人ならおわかりだろうが、〝リチャード・パーカー〟と名付けられたこのトラは、少年の内面に潜在する本能、残忍な野獣性を象徴するかのように見えもする。

少年は野獣が自分に襲い掛からないように距離を取り、警戒する。必死にエサを確保し、トラに与えることでルールを作るなど、トラと共存するための方法を築き上げていく。皮肉なことにその緊張感が、漂流する少年の生存を可能にしているのだ。リチャード・パーカーがいなかったら少年はすぐに息絶えていたかもしれない。

リチャード・パーカーは誰の心にも存在する。

誰かのことが憎くてたまらないとき、相手を強く非難したいとき、激しい嫉妬に苦しむとき。そんなとき、僕の中にいるリチャード・パーカーの「ガルルル……」というう なり声が聞こえる。

危険だ。早くなだめすかさないと食われてしまう。

なだめる方法はいくつかある。

まずは話を聞いてあげることだ。一人でいられる場所で静かな対話の時間を設ける。ノートを開いて今の気持ちを事細かに書いてみるのも役に立つ。

なぜここまで腹が立っているのか、内面の声に耳を澄ますと実に小さな理由であることも少なくない。

あまりに子どもじみていて、人に話さなくてよかったと思えるくらいのことも多い。たったこれっぽっちのことでリチャード・パーカーまで動員するなんて……。

さあ、心が落ち着いてきたら、次はおいしいものを食べに行く番だ。

こういうときに選ぶメニューは肉料理だ。サムギョプサルでも、カルビでも、高級韓国牛でも、焼いた肉ならどれでも間違いない。考えてみれば、けもののご機嫌を取るのに肉ほど適した食材はないだろう。

おいしい肉でお腹を満たせば、心はすっかり余裕を取り戻す。

相手を理解する心の領域が広がったというか、単に考えるのが面倒くさくなったというか。日常の些細な悩みや怒りなんかどうでもいいやという境地になる。

僕の中のけもののためにも、定期的に肉料理を摂取するとしよう。¶

食べても
マズイよ？

あえて距離を置いているだけ

一日のほとんどを家で過ごしているので、食事は自炊が多い。たいていはありもので簡単なおかずを作る。手軽な卵料理にしようとか、豆腐の賞味期限が近いからテンジャンチゲにしようとか、まあ、そんなものだ。そして、作り置きしておいたもやしのナムルと母が送ってくれたキムチを冷蔵庫から出して、テーブルに並べる。特別なものはないけれど、いつ食べても飽きることのない食事だ。

ささっと食べ終わり食卓を片付け、皿洗いをする。皿洗いが終わると三角コーナーに溜まった生ごみを捨て、汚れたガスレンジの周りを拭き上げる。ここまでしてようやく食事の時間が終了する。

すると、またすぐに次の食事の時間がやって来て、同じことを繰り返す。作っては食べて片付けて、作っては食べて片付けて……め、面倒くさすぎる!!

食べていくことは生きるために当然のことだが、時々、食事を取ることが面倒に感じられることがある。ひどいときはゆううつだとさえ思うときもある。

そんなときは、あえて台所を離れてみる。近づきもしないのだ。

その間は、出前を頼んだり、外に出てご飯を食べたりすればいい。僕が作ったものより断然おいしいし、何よりも楽だ。

外食いいね。うん、すごくいい。

今後は積極的に外食しようと決心した。

――しかし、その決心は数日ももたなかった。

お金を出して食べる食事というのは、どういうわけか消化は良くないし、体にも良くない気がする（単に気のせいだと思うけど）。何より、外食は飽きてしまう。

自炊のメニューよりずっとバラエティに富んでいるのに、飽きるとはどういうことだろう。僕が古い人間だからだろうか？

そういうわけで外食生活は長く続かず、結局また、つつましい自炊生活のために台所に帰ってきてしまった。

ただいま、台所。

そして再び、作っては食べて片付けての地味で面倒な行程が繰り返される。だけどこれは、台所仕事を一度休んでみたからこそわかった結果である。唐突に、だからこそ人には旅が必要なんじゃないかと思った。

ときには、**繰り返される日常と距離を置く必要がある。**

そんなとき、旅ほど最適な言い訳はない。旅に出て新たな見聞を広げることも重要だけれど、旅の本当の目的は日常から離れることにあるのではないだろうか。

✧ カフェは最高の避難所

近頃、僕が家以外でもっとも多くの時間を過ごしている場所はカフェだ。家にいることに飽きると、適当に着替えて近所のカフェに行く。

コーヒーを注文して席に着く。もちろんコーヒーを飲むためにカフェに来ているのだけど、目的はそれだけではない。

僕がカフェに行く目的は、家や仕事場じゃない別の空間に身を置くことにある。

飽きてしまった日常から、ほんの少しでも離れられる場所が必要なのだ。

そんなとき、近所のカフェは最適な避難所となる。

ちょうど幼稚園が終わる時間で、お母さんたちが子どもの手を引いてカフェの前を通り過ぎる。

今日は、ずいぶんと空が青いなあ。遠くの道を野良猫が一匹、のんびりと横切っていく。カフェに座って眺める窓の外の世界は静かで平和である。

実際には多くの悩みや問題が起こっていても、本当に平和に思える。まるで額縁の中の絵を見るように、少し離れて世間を見ていると不思議な気分になる。

ここはリアルかバーチャルか、はたまたこの世なのかあの世なのか。ひょっとしたらその間のどこかなのかも……。

そんな不思議な空間の歪みに入り込んだような感覚。

とにかく、現実を離れて気持ちを休めるにはまたとない場所である。

カフェは店内の雑音すら心地よい。スピーカーから流れる音楽とコーヒーマシーンの動作音、コーヒーカップがぶつかる音、笑い声、そしてどこかの席から沸き起こる騒音まで、壁や間仕切りがなくても、ここでは気を削がれることもなく、それぞれが思い思いに過ごしている。

これを可能にさせているのは、お互いが適切な距離を取り、それぞれのパーソナルスペースを保っているからだと思う。まるで一定の距離を保ちながら回る惑星のように。こうしてカフェは今日も無事に回っていく。

近しい人こそ、距離が必要だ

人と人の間にも距離が必要だと思う。

良い人間関係にも距離が必要だ。

しかし問題は、家族や恋人のようなとても近しい間柄であるほど、適度な距離を維持することが難しい点にある。

距離感を感じないほど近しい存在だからこそ、距離を取る努力がより重要になる。

距離感を感じない人が相手だと、僕らはいとも簡単に無礼を働く。無神経な言葉をぶつけてしまったり、何かを要求してしまったりする。傷つけたり、傷つけられたりしやすいのが、一番近しい間柄の関係なのだ。

実は僕は、近しい存在の人の苦しみや悩みを聞くことが苦手だ。彼らの問題が他人の話には思えないから。そんな話を聞いてしまうと、自分のことのように感じて一緒に頭を抱えてしまうのだ。

近しい間柄なら、つらいことを話すのは当たり前かもしれないけれど、僕はいつもそれが耐え難かった。

時には、「自分の問題だけでも苦しいのに、お願いだから僕にそんな話をしないでくれ！」と叫びたい気持ちになったりもした。

だから距離を置く。

愛する人たちと距離を置く。

彼らの問題で自分までつらくなりそうなときには、あえて彼らから自分を切り離して距離を取るようにした。あまりに近すぎるとお互いが別々の存在という事実でさえ忘れてしまうから。

結局、僕は彼らとは別の存在、それぞれの個体である。それぞれの人生があれば、それぞれの問題があるのは当然だ。

僕の人生の問題を両親や兄弟、恋人が１００％理解したり解決できたりしないように、僕も彼らの問題をすべて解決することはできない。彼らの問題はやはり彼らの問題なのだ。

僕らにはそれぞれが担うべき重さがある。

それはただひたすら自分のことだ。

この事実を忘れないようにしたい。それでこそ、ようやく近しい人々の悩みを聞くことができるし、共感して心配できる余裕が生まれるのだ。もう、一緒に悩んでゆううつの沼にはまらないようにしたい。¶

僕たちにはちょうどいい
距離が必要みたいだね

命まで取られなかったなら御の字だ

住んでいる賃貸住宅が競売に掛けられるという大事件があった。

やはり人生は何事も万事快調ってわけにはいかないみたいだ。順調だと気を許せば不意打ちを食らう。

大家のジュンボクさん（仮名）は、とても親切な人だった。月貰《ウォルセ》（毎月支払う家賃）を払うたびに「ありがとうございます。何か困ったことがあればいつでもご連絡ください」とメールをくれるような律儀な人だった。

入居して3年間、ウォルセを吊り上げることもなかった。世知辛い現代にこんな大家さんがいるなんて、僕はラッキーだと思った。

しかし、3年が過ぎたとき、ジュンボクさんが保証金（入居時の預け金）を値上げしたいと言ってきた。それまでは4千万ウォン（約400万円）の保証金、ウォルセは月50万ウォン（約5万円）だったが、「市場の変動が著しいため、ウォルセか保証金のどちらかを値上げしないとやっていけない、申し訳ない」とのことだった。

「いえいえ、気にしないでください。十分理解できる話ですから」

そう言って、僕はその家に残る決断をした。

当時、僕は会社を辞めたばかりでぶらぶらしていたから、ほかの家を探すのも面倒だし、1ウォンでも節約したい時期に、やれ引っ越しだの何だのとお金が掛かるのは避けたかった。

ちょうど退職直前まで貯めていた貯金もある。ジュンボクさんと交渉し、保証金は3千万ウォン追加した7千万ウォンに、ウォルセはこれまで通り月50万ウォンで再契約に至った。

その保証金は、僕が何年も掛けてダブルワークで汗水たらしてかき集めたお金のほぼ全額だった。

不安だったが、ジュンボクさんなら信じられると思った。親切なジュンボクさんが、悪事を働いたりするわけないじゃないか。そうだよな？

再契約して少したった頃、ジュンボクさんから電話が掛かってきた。

「ハ・ワンさんに貸している家が競売に掛かるかもしれない」

最近投資に失敗して状況が芳しくない、競売に掛かると保証金は全額返せなくなるだろうと言う。

そして彼はこう言った。

「そうなる前に、この家を買いませんか？」

いくらそんな状況だからって、この貧乏人に向かって家を買いませんかだって⁉

「これも全部、ハ・ワンさんのことを思っての提案なんですよ〜」

ジュンボクさんの声には、申し訳ないという気持ちが1％も混じっていなかった。まるで他人事のようにそう言った。

……ドサッ。人生の底に落ちた気分だった。

突然これはどういうことだ？　なんだか臭う。

彼の言葉が事実で保証金が戻ってこないなら、家を買うのが賢明な選択のようにも思える。いやいや、単に、僕を脅して家を買うように仕向ける作戦かもしれない。

そもそも、僕に家を買うだけのお金なんてない。あちこちから融資を受ければできない話ではなかったが、借金は嫌いだ。収入もないくせに借金なんてしたら苦労することは目に見えている。それに、なんだかジュンボクさんの思うツボみたいで、それがもっと嫌だった。

仕方ないのでジュンボクさんには、僕が今、家を買えるような金銭状況じゃないことを正直に伝えた。

すると彼は、残念そうに何度か舌打ちして「あ、そう」とだけ言った。

その数日後、再びジュンボクさんから電話が掛かってきた。

「問題がうまく解決して競売に掛かることは免れました。心配せずにこれまで通りウォルセを払って契約期間満了までいてくださいね」

カーッ、このたぬきおやじめ！

僕の予感は的中した。僕は詐欺師と対峙していたのだった。ああ、この戦いを最後まで勝ち抜けることはできるのだろうか？


結論から言うと、敗北だった。それも完膚なきまでの敗北だ。

もう安心して暮らせないから引っ越したいという僕に、ジュンボクさんは契約期間うんぬんと難くせをつけ、引っ越しさせてくれなかった。

数カ月引き留められたのち、結局やらかしてしまった。

ジュンボクさんは前もって財産をどこかに移していたようで、唯一の財産となったこの家には、彼にお金を貸している人たちが我先にと押し寄せて仮差押えに掛かった。

こんな事態に備えて、保証金を伝貰権《チョンセ》（家主が破産などで保証金を返還できなくなった場合に、不動産を競売するなどして返済してもらえる権利）設定にしておいたことが不幸中の幸いだった。だけど、法務士（日本の司法書士にあたる）に相談すると、その設定でも保証金を全額回収するのは難しいと言った。

「それは競売の落札者によって変わってくるんですよ。ざっと見積もってハ・ワンさんに返ってくるお金は、せいぜい2千万ウォンがいいところですね」

何だって？　伝貰権設定にしていれば全額戻ってくるんじゃなかったの？

僕はその場に崩れ落ちた。

ああ、あのお金がどんなお金だったと思っているんだよ……。

誰かにとってははした金かもしれないが、僕にはすべてだった。食べたいものも、買いたいものも我慢して貯めたお金だったのに……。

それを自分で使うこともできず、こうも簡単に飛んでいくなんて。

僕は一体誰のためにお金を稼いできたのだろう？

そうか、ジュンボクさんのために汗水たらしてきたんだな。いっそ、貯金なんかせずにパーッと使ってしまえばよかった。

そういえば誰かが言っていたっけな。お金は自分が使わなければ、必ず別の誰かに使われてしまうって。

やるだけやったら、待てばいい

驚いたことに、ジュンボクさんには何のお咎《とが》めもなかった。誰にいくら借金をしていようが、返さなくてすんだのだ。「私は一文無しなので、家を売ったお金をみなさんで分けて持って行ってください」といったところだ。

家が競売に掛けられたところで、彼にとっては痛くもかゆくもなかった。

いや、むしろ利益だ。

家を買うときに投資したお金は僕が預けていた保証金ですべて回収していて、僕が払ったウォルセも3年ちょっと受け取っているから、銀行の貸付金利を支払っても十分手元に残る。そして僕の住んでいた家とともに借金も踏み倒してしまったのだ。

ジュンボクさんにお金を貸した銀行も損害を被ることはない。僕の伝貰権より、銀行の権利が優先されるからだ。

一番の抵当権者である銀行は、貸したお金を競売ですべて回収する。競売が進行している間に回収できなかった利子まできっちりとかき集めていく。残ったお金で僕の保証金を返してくれるのだが、それはほんのわずかだ。

競売で落札した人も利益を得る。相場よりもうんと安い価格で家を買うことができるのだから。

家のオーナー、銀行、落札者が利益を得る。

それはつまり、誰かが損害を被っているということだ。

……それが僕だ。これほどまでのカモがいるだろうか？

何か、知ってはいけない裏社会の原理を見たようで胸が痛い。

誰かが儲ければ誰かは失う。僕は世の中という賭場に座っているのだった。

儲けようとしたわけでもなく、ただ家を借りただけなのに、そこが賭場だったなんて夢にも思わなかった。

けがの功名としては、今回の一件で不動産の競売について多くのことを学べたことだ。実に良い勉強になった。授業料は法外だったが……。

それにしても。どうして僕はいい年してこんなことも知らなかったのだろうか。

ああ、とんだ間抜け野郎だ。

あれ以降、僕は家を借りることにとても用心深くなった。他人のこともちょっと信じられなくなった。

そんな絶望の淵に立たされた僕を救ってくれたのはほかでもない、コラムを書くことだった。こんな大事件が起きてもなお、心のどこかではコラムのネタになると楽しんでいる自分がいた。

まったく、どうかしてるぜ。すっかり作家先生になったもんだ。あまりにあきれて乾いた笑いが漏れた。

しかし、一つだけ確かなことがある。今回のことで命までは取られなかった。心はズタズタだが、再びすくっと立ち上がれそうな気がする。

先人が言ったように、こぼれた水を元の盆に戻すことはできない。

必要なのは後悔や絶望でなく、収束を待つことだ。

自分ができる対策を調べて、それに合わせてすべて行う。そして結果を待つ。

やれることはやった。ことがどう収束するのかは自分が決められることではない。

今回の一件は、2019年6月に完全に決着がついた。
僕が受け取った配当金は1700万ウォン（約170万円）だった。
そしてこのコラムを一つ書き終えた。
つまりこのコラムは5300万ウォン相当ってわけだ。やれやれ。¶

僕がカモだって？

カモなんかじゃない！

こんな不幸が降り注ぐなんて……あるよね〜

久しぶりに集まった席で、友達の一人がやたらに発する相づちが気になった。

「あるよね〜」

そんなことは言わなそうなやつだったのに、きっと誰かの口癖がうつったんだろう。本人は自分の口癖に気づいていないようだった。

不思議なことにその言葉は実に便利で、どんな話題にも対応可能だった。

「それでめちゃくちゃ驚いたのなんのってもう。かくかくしかじかでさあ」

「うん、あるよね〜」

「うちの奥さんにダサいって言われちゃって」

「ははは、あるよね〜」

「こういうことがあってつらくて。黙っていてごめん」

「そうだったんだ、あるよね〜」


これ以上に万能なリアクションがほかにあるだろうか？

相手を嫌な気分にさせることとなく、なんとなく慰めているような感覚もありながら、状況によってはギャグにもなる。

彼は、どこでこんな言葉を習得したのだろう？　ひょっとしてリアクション大学にでも入学したのか？

何時間も「あるよね〜」を聞き続けたせいか、いつの間にか僕にもそれがうつってしまって、自然にその言葉が口をついて出るようになっていた。

でも悪い気はしなかった。

なんだかリラックスした気分になった。まるですべてを共感してあげられるような、そんな気分。

そうそう、生きていればそういうこと、あるよね〜。

だから、大丈夫さ。

口にするうちに、本当に大丈夫な気がしてきた。

人生のトラブルに効く「魔法の言葉」

思いもよらなかった不幸を前にして、僕らはこう叫ぶ。

「どうしてこんな不幸が僕に降りかかるの？」

「こんなことを私にするなんてひどい！」

「どうしてこんなことが！」

しかし冷静に考えてみれば、絶対に起きないことなんてない。すべて起こりえることだ。

だから「どうか不幸が起こりませんように」と祈ったり、注意したりすることはできても、その不幸が現実に起こってしまうことを僕らは避けられない。予想できなかった事故のように、迫ってくる。

そんな事故をどういう心境で受けとめたらいいのだろう。望みもしなかった人生と不幸を。

そんなときこそこの言葉だ。

帰りのタクシーの中、僕は無意識のうちに呟いていた。

あるよね～。

あるよね。

あるある。

ほんの少し心が軽くなった、そんな夜だった。¶

まあ、あるよね～
うん、あるある～

〝給料〟という麻薬には依存したくない

懐具合が厳しくなってきたとき、最初に節約するのが食費だ。外食を減らし、スーパーへの買い物も極力減らす。

どうやら今回も、本格的に〝あれ〟をするときが到来したようだ。冷蔵庫にある食材だけを食い潰しながら耐える〝冷蔵庫の整理〟を。

変に思われるかもしれないけど、僕は冷蔵庫の整理がけっこう好きだ。

これだけの食材で何日持ちこたえられるか？

限られた食材のみで生活することにチャレンジ精神が燃え上がる。

冷蔵庫の整理は、かなりクリエイティブな作業でもある。冷蔵庫内の食材を組み合わせて何ができるか、創意性が試される。

さっそく冷蔵庫内を点検し、転がっていたウインナーソーセージを6本見つけた。

これで何を作ろうか考えた末、さっきまで見ていた日本のドラマに登場した「ナポリタンスパゲティ」を作ってみることにした。

ナポリタンスパゲティとは、イタリアのナポリの料理のようだが、実は日本の料理である。見た目はトマトスパゲティに似ているが、トマトソースではなくケチャップで炒めるところが違う。きっとトマトソースを入手するのが困難だった時代に考案された料理なのだろう。

おや？　なんだか今の僕の状況にも似ているじゃないか。うちの冷蔵庫にもトマトソースはないがケチャップならある。世の中に存在する多くの料理は、こんなふうにして生まれたのかもしれない。

フライパンにオリーブオイルを引き、ニンニクとタマネギ、ウインナーを炒める。ここにケチャップとゆで上がったスパゲティを投入してさらに炒める。

う〜ん、こんな感じ？　なんとか、それっぽい感じのものが完成した。

では、試食といきますか。

フォークで麺をぐるぐると巻いて口に運んでみる。

……ま、まずい。トマトソースが恋しくなる味だ。僕の口には甘すぎる。

次回はケチャップを減らして塩と醤油で味付けするか、またはトマトソースを買ってくるか……。

こうして本日の冷蔵庫の整理は失敗に終わった。

たまにはこんな失敗もあるけど、たいていは成功している。

漬かりすぎて酸っぱくなったキムチだけでも、いろいろな料理に応用できる。キムチ炒めはもちろん、キムチチゲ、キムチチヂミなんかも作れる。

冷凍室をあさると、ちょっとリッチな食材も出てくる。凍らせておいた牛サガリを焼いてステーキにしたり、ダイエットするつもりで買い置きしておいた鶏のむね肉に照り焼きソースをかけてタッコチ（焼き鳥）風にしたり、冷凍餃子と牛骨スープでマンドゥ汁を作ったりもした。

残り物からうまく料理できると大きな喜びを感じる。

ひょっとしたら、お金がちょっとあるときよりも幸せかも。

今月もこうして乗り切れるな。ミッション・コンプリート。大成功だ。

……ん？　待てよ。これって成功なのか？　そもそも働いてないからお金がないんじゃ……？

でも、これは僕が怠け者であるせいではない（まあ、それに近いことは否定しない）。

働きたい気持ちは山々だが、仕事がないときが多いのだ。

このバランスが実に不思議だ。もうこれ以上受けられませんという状況下でオファーが相次いだかと思うと、ぱたりと来なくなる。まるですべてのクライアントが口裏合わせしたみたいに。

とにかく、ちょうどいい中間がない。フリーランスにとって、仕事がないとはすなわち収入がないということだから、運が悪いと数カ月間を無収入で過ごすことにもなる。だから、収入を得てもパーッと大胆に使うことができない。

僕にとって貯蓄は選択ではなくて必須だ。いつでもピンチのときに備えて、資金を確保しておかなくてはならない。そうやって無収入の時期をじっと耐えしのんでいると、再び仕事が舞い込んでくる。

そんなことが何度か繰り返されたので、今では堂々とピンチの時期を過ごせるようになった。収入が不安定でも気にならなくなったので、ある意味無敵だ。

信じられないかもしれないが、むしろ今では、再び安定的にサラリーを受け取るほうが不安に感じる。

給料という安定に依存すると、それがいつか断ち切られるかもしれないという恐怖が襲ってくるようで……。

✧ 真の経済的自由とは？

ふと、『魂の退社』（東洋経済新報社刊）の著者、稲垣えみ子のことを思い出した。大手新聞社に通っていた彼女は、40歳のときに会社を辞める決心をする。そこから10年間準備をして50歳で退職した。

彼女は自分が退職に踏み切れない一番の理由が〝給料〟であることを悟った。普通ならば、じゃあ10年掛けて一生懸命お金を貯めて退職しようと考えるが、彼女は違っていた。それでは根本的な不安は解消されないと予見したのだ。

そして、給料がないという〝恐怖〟に打ち勝てれば退社できると考え、給料と会社に対する依存度を徐々に低くしていくことで、ついに退職を成功させたのだ。

彼女を自由にさせたのは、貯金でも特別な才能でもなく〝料理〟だった。市場で安く買ってきた食材で料理を作り、素朴な食卓を楽しむこと。一日3食、毎日毎日。

そんな生き方を通して、人間が本当に食べて生きていくためには、それほど大きなお金は掛からないことに気づいたと言う。

お金こそが自分を自由にしてくれるというのは錯覚だった。むしろ、お金は少なくても食べていけるという自信が、彼女を自由にした。

結局、月の給料をほとんど使うことなく1カ月の生活が可能になり、こうすれば会社を辞めても生きていけると確信がもてたところで、会社を辞めた。

彼女は今、自分が心からやりたいことをしながら生きている。

お金がたくさんあるからではない。お金に対する恐怖に打ち勝った者だけが享受できる自由だ。

こういうのが本当の〝経済的自由〟なのではないだろうか。

ただし、彼女の本は退職をあおる本ではない。むしろ、どうすれば会社生活を楽しめるかというヒントも満載だ。

彼女は給料に対する依存心が薄れたと同時に、会社の仕事がもっと楽しくなっていったと言う。

会社員もフリーランスも不安なのは同じだ。

僕らが不安な理由は、あまりにも何かに依存しすぎているからかもしれない。

何かがないと生きていけないと思い込みすぎている状態なのだろう。

というわけで僕の冷蔵庫の整理だって、単純にお腹を満たす行動ではなく、お金に対する不安と恐怖に打ち勝つ訓練をしていると言えるだろう。

だからといって、もちろんお金が嫌いなわけではない。
さて、そろそろ仕事の依頼が来てもいい頃なんだけどなあ……。¶

君には優れた能力がある
俺たちと組まないか？
アベンジャーズのフューリー大佐！僕にどんな能力が？
飢え死にしない能力。食との縁が半端ねぇ
帰れ！

顔が明るくなったのは、シミ取りレーザーのおかげではないよ？

貧乏だったことがずっとコンプレックスだった。

自分が貧乏なのだと初めて意識した瞬間から、いつでも気後れしていた。別に誰かに何か言われたわけでもないのに一人でいじけモードに入り、口数の少ないおとなしい子どもとして過ごした。おしゃべりだと、貧乏だということがうっかりバレてしまいそうだから。

もちろん、貧しさとはそう簡単にごまかせるものではないけど、できるだけみんなには内緒にしておきたかった。

だから、幼少時代に友達を家に連れてきたことは一度もない。我が家の実態を見られるのは死んでも嫌だった。

貧乏なだけならまだマシで、父親がしょっちゅう家族を殴ったりしていたものだから、家庭内の雰囲気も最悪だった。

そんなわけで友達にバレないように、わざと遠回りして帰ったりしていた。

もちろん、学校に友達がいなかったわけじゃないけれど、学校の中でだけ適当に付き合って、学校以外ではできるだけ会わないようにした。

小・中学校の9年間をそうやって過ごした。言うなれば、それは組織に偽装侵入しているスパイの心境だった。

信頼と好感を得て、正体を怪しまれないこと。それでいて誰にも心を開かないこと。だから本当の意味での友人はいなかった。

本当の人間関係が始まったのは20歳を過ぎてからだった。

社会に出てから、いい人たちにたくさん出会えた。人付き合いが下手くそな僕をとても心配して、世話を焼いてくれる人たち。彼らと一緒にいた時間のおかげで過去の影響を引きずることなく、今の僕がいると思う。

そうそう、それから酒の存在も外せない。酒がなければ今も正体を明かすことなくスパイのままでいたかもしれない。

いい人たちとの酒の席があったから、過去の話をすることができた。楽しかったことから、悲しかった出来事、そしてずっと言えなかった痛みまで。彼らには包み隠さず話せた。ほろ酔いで気を許した状態だったから、僕の長年のコンプレックスもさらっと話すことができたのだ。

僕としては、とっておきの秘密を話したつもりだったのに、相手の反応は意外にも「へえ〜、そうだったの」くらいの、実にあっさりしたものだった。

だからよかった。彼らがやたら憐《あわ》れんで涙でも流されたりしたら、僕は二度と過去の話をすることはなかっただろう。

僕の話を何事でもないように、大きな問題ではないかのように聞いてくれてうれしかった。

そして彼らもまた、自分たちの話をしてくれた。僕と似たような経験や、またはそれよりもっとつらいことを。

〝まるで不幸対決〟だなんて揶揄《やゆ》されるかもしれないし、そう思われても仕方ない。だけど、あれは絶対に対決なんかではない。

誰が一番苦労したのかを競うようなものではなく、告白だった。そしてその告白に対する、温かな相づちだった。

こういうのを〝共感〟と言うのかもしれない。

痛みは隠すほど、大きくなる

長い間、世の苦しみを僕一人で抱え込んでいるような顔をして生きてきた。
だけど、いい人たちと共にした多くの夜と、酒と、会話のおかげで、つらいのは自分だけじゃないと知ることができたし、自分の闇の部分も客観的に見ることができた。

胸の奥の奥にしっかりとしまい込んでいたときは計り知れないほどの大きな闇だったのに、いざ明るいところに取り出してみたら、案外小さな闇だった。

それ以降、貧しくて苦労したことをあえて隠したりしなくなった。そのうち、僕自身もそのことがたいしたことではないように感じられるようになった。

意外になんてことないなあ。

もちろん自慢することではないけれど、別に恥ずかしがることでもないな、と思えた。

最近では、初めて出会った人たちに「何不自由なく生きてきたようなお顔立ちですね。そうでしょう?」と言われることがある。

そのたびに、僕はにっこりと笑ってこう言い返す。

「なぜバレちゃったんでしょう？　やっぱりわかりますか？」

どうやら近頃では、僕のノーブルな雰囲気が隠し切れない域に達したようだ（フハハ）。

そう言われるとうれしい。僕の顔に影がないという意味だからだ。

子どもの頃に、「なんでワンくんはいつでも暗い顔をしているの？」と言われていた僕が、だ。「怖い」「うつうつとしている」「冷たい」なんて言われたこともあったっけ。

今、僕の顔が明るくなったと言われるのは、2年前に皮膚科で受けたシミ取りのレーザー治療とは関係ないと思う。

人の内面は必ず顔に現れる。内面の闇が晴れていくと同時に、僕の顔も少しずつ明るくなった。

これからは、こんな明るい顔のまま年を取っていきたい。

となると、今年あたりまたレーザー治療を受けに行かないと……ん？¶

言っちゃダメだ
言っちゃダメだ
言っちゃダメだ……

隠してないで、言ってしまえば？

いつかは笑ってやり過ごせるはずだ

短編小説が好きだ。短くていい。長編は心の準備がないと読めない気がしてなかなか手が出せないが、その点、短編は気楽に読める。

特に外出時に持ち歩くのにちょうどいい。乗り物での移動中、目的地に到着する頃にはだいたい短編一つを読み終えられる。中途半端になったりしないのが気持ちいい。長編だとこうはいかない。

でも、昔から短編小説が好きだったわけではない。短編だと事件や出来事が深く描けないはずだと決めつけ、長編こそが小説だと思っていた頃もあった。

短編小説の面白さに開眼したのは、ひとえに兄の影響だ。国文学を専攻していた兄が、本棚に並べていた『李箱《イサン》文学賞受賞作品集』だとか『今年の読むべき小説』とかを暇に任せて読んでいるうちに、短編小説のリズムに慣れ、そこで気に入った作家の別の短編小説も探して読んでいるうちに、いつの間にかハマっていた。

短編小説は、その短さから多くのエピソードを盛り込むことはできない。そんな限界があるからこそ、長編とは明らかに違った面白さがある。

長編はストーリーがメインで結末に向かって突き進んでいく感覚が強い。興味深いこの物語が一体どうやって終結するのか？

それが本を読ませる原動力となっている。

長丁場の末、ハッピーエンディングであれサッドエンディングであれ、はたまた余韻の残る結末であれ、主人公を苦しませてきた問題がようやく解決して、読者はカタルシスを感じる。

長編小説はそれ自体が一つの完成された物語だといえる。最後のページを読み終えて本を閉じるとき、僕らはすっきりした気分で本の世界から現実に戻ってくる。

一方の短編小説は少し違う。短編小説に描かれる問題はすんなり解決しない。登場人物や葛藤について説明していると最終章が近づいてしまうので、面白くするために、プツッと終わるのがお約束である。

だから短編小説の結末はうまく言えないけど、ちょっとしたむなしさがある。短編小説の主人公たちは、小説の物語が終わっても問題の渦中に留まり続ける。

文章はそこで終わっているのに、問題が解決されないままだから物語は完結していない。そのせいか、主人公たちの人生が小説を飛び出し、ずっと続いているような気分になるのだ。**まるで僕らの人生のようだ。**

だからか、短編小説にとっては結末がそれほど重要でないように思える（もちろん例外もある）。代わりに、問題の渦中にいる人物たちの心理や感情に集中することになる。これが面白い。

なぜこの人物はそう思うのか、過去の経験や記憶がその感情にどう影響を与えたのか。作家によって選び抜かれた語彙と適切な比喩で表現される、登場人物の感情を読むのは大きな楽しみだ。

小説で描かれる感情が、自分の理解できない感情を教えてくれることもある。

僕らは自分の感情を把握していると思いがちだが、実はそうではない。

たとえば、今とてもゆううつなのに、何が原因でゆううつなのか説明できないときがある。その感情が本当にゆううつなのか、無力感なのか、怒りなのかを勘違いしたりもする。

そんな理解できない気分に、しばしば短編小説の中で出会えるときがある。

つかめそうでつかめなかった目の前の霧のように、かすんでいた感情が鮮明な文字になって目の前に現れたとき、まるで答え合わせができたみたいでゾクゾクする。あのときの僕の心情とはこういうものだったんだ！と。

✧ 今だけ見れば失敗かもしれないけど……

短編小説は、僕らの人生に寄り添ってもくれる。

たとえば、僕は数々の賞を受賞している小説家キム・エランの短編『クリスマス特選』に慰められた。

この小説には一組のカップルが登場する。交際4年にして今年初めて一緒にクリスマスを過ごす二人だ。

最初の年のクリスマスには、彼氏に一言もなく彼女が姿をくらました。理由は着る服がないからだった。特別な日だから可愛くして行きたかったのに、日々のやりくりにあえいでいた彼女は、それなりの服やアクセサリーも持ち合わせておらず、故郷に逃亡する。

2年目のクリスマスには彼氏のほうが故郷に帰ることになり、一緒に過ごせなかった。

でも実は、彼氏は故郷には帰らずソウルにいた。当時、就活生だった彼氏にはお金がなかった。普段はビアレストランでバイトしている彼女がデート費用を出してくれていたが、さすがにクリスマスまでは彼女の世話になりたくない。だから母親が病気になったとうそをついた。

3年目のクリスマスは二人が一時的に仲違いしていて一緒に過ごせなかった。そして、4年目のクリスマスは幸運なことに一緒だ。彼氏は就職していて、彼女も可愛い服をもっていた。人並みに映画を観て、ファミレスで食事をし、バーでカクテルも飲んだ。

問題はそのあとだった。

一夜を過ごそうとモーテルを探したのだが、行く先々すべてが満室だった。クリスマスのモーテルはどこも満室になるということを知らなかったのだ。

二人は空室を求めて、凍えそうなソウルの街中を右往左往する。やがて夜が明けてだんだんと空が白んでくるし、部屋はないしで、物語を読んでいる僕まで惨めな気持ちになった。他人事とは思えなかった。

僕もまたクリスマスに同じような経験をしたことがあるからだ。

あのときの焦りと凍てつくような寒さ。申し訳ない気持ちと自己嫌悪。自分に部屋の一つも許されないことへのいら立ちと疎外感。

僕の人生ではクリスマスが幸せだったことはほとんどない。輝きが強いほど影も濃くなるとどこかで聞いたような気がする。

みんなが幸せそうな日に、自分の惨めさがくっきりと浮彫りになった夜。そんな日の複雑な気分が『クリスマス特選』には詳細に描かれていた。

ともすれば、彼女の作品の中の人物たちには希望がないように見える。

でも、一番苦しかった日に出会ったキム・エランの短編小説は、僕に確かな慰めをくれた。

誰かが僕の話をしているような、僕の気分をわかってくれているような、そして誰かも僕と似たような人生を生きているというような、そんな慰めだ。

キム・エランの短編小説があったから、僕は暗く長いトンネルを抜け出すことができた。解決の糸口を示してはくれないが、一緒にいてくれたから耐えられた。

今でもクリスマスイブの晩にモーテルを探してさまよっていたあのカップルについて考える。あの物語は終わることのない現在進行形だ。

彼らの状況は良くなっただろうか？

僕は少し良くなった。今ではイブの晩に空室を探してさまよわなくなった。

彼らもそうであってほしいと願う。過去の惨めな思い出を、笑ってやり過ごせる余裕が生まれていることを。

今も解決できない問題がたくさんあったとしてもね。¶

今だけ見れば失敗さ。
答えも希望もない
短編で見ようとせずに
シリーズで見ないと

戦い続けると キリがないだろ？

大学生の頃、授業の履修登録はいつも戦争だった。オンライン申請のスタートと同時にクリックするんだけど、次の画面を読み込むと希望の授業はいつでも受付終了となっていた。一体どれだけの速さでクリックすればこの授業が受けられるんだ？　高い授業料を払わせておいて、希望する授業の一つも受けられないなんてどうなってんだ？　腹を立てている間に、ほかの授業も続々と受付終了と表示されていく。こうして結局、誰も選ばない残りカスだけを履修する羽目になるのだ。

大学では、そんな授業をたくさん受講した。自分ではすすんで選択しないような授業のことだ。

ところが皮肉なことに、そんな授業が人生を変える大きな役割を果たした。履修登録のクリック戦争に負けたからといって必ずしも悪いことだけじゃない。

僕に多大なる影響を与えたいくつかの授業のうち、「道徳の理解」という授業について書いてみたいと思う。

講義のタイトルからしてつまらなそうなにおいがプンプンするが、実際に授業は本気でつまらなかった。それでもこの授業が一番記憶に残っているのだ。

授業は主に、ディベート（討論）と発表で構成されていた。教授はその日のお題を出すと、あとはただ後ろ手を組んで学生たちの様子を見守った。

ある日のお題は「難民問題」だった。その日は、「もし韓国に難民が押し寄せたらどうするか？」というテーマでディベートが始まった。

まず、難民受け入れ賛成派と反対派に分かれ、各自の持論を展開する。中立はいない。反対もしくは賛成のうち、どちらか一方だけを選択できる。自分の立場を選んだら、その選択を裏付ける根拠と論理を述べ、相手を説得しなければならない。

その頃は難民問題に何の考えも持ち合わせていなかったので、とりあえず〝反対〟の側についた。

「難民たちの事情は実に気の毒ではあるが、なぜ韓国の税金で彼らを助けなければならないのか。もし数人を受け入れれば、当然あちこちから多くの難民が押し寄せるはずであり、それに我が国は耐えられるのか？　だったら最初から受け入れたりしてはいけないのではないか」というのが、僕ら受け入れ反対チームの主張だった。

一方の賛成チームは人道主義的な立場から難民を受け入れなければならないと主張した。我が国が受け入れなければ、行く先を失くして命を落としてしまうかもしれない人たちを、どうして突き返すことができようかという言い分だった。

ディベートが白熱し、雰囲気はどんどん険悪になっていった。自分が正しく、相手が間違えていることを証明するためのゲームのようだった。

ここでひるんだら負けだと、僕は相手側に「現実的な問題に目を背けたまま、いい人のふりをしようとする理想主義者ですね」なんて非難を浴びせるほどだった。

そこで制限時間となり、その日のディベートは終わった。特に結論も出ないまま。

その授業はほとんどがそんな感じだった。ひたすら言い争うだけで結論は出ない。そんな尻切れトンボな結末は、まるでトイレで大きいほうをしたあとにお尻を拭かないでいるみたいな気持ち悪さが残った。

なんのために戦ったのか?

その時間が、無意味でただのエネルギーの無駄使いのように感じられた。

そのディベートの日は、帰宅してもなんだか胸騒ぎが収まらなかった。僕だって、受け入れを拒否されて行き場を失い、ボートの上で息絶えた難民の写真を見て胸を痛めたことがあったじゃないか。あのときの僕自身が偽善者のように感じられた。

結局、授業中に僕が主張したことは、自分たちが損害を被るから彼らは死んでも仕方がないと言ったも同然だった。主張の妥当性は置いておいても、そんなことを考えた自分自身が情けなかった。

命が大事だなんて言っておきながら、〝僕ら〟の命と〝それ以外〟の命を切り離すその身勝手さはどこから湧いてきたのか。自分を疑いたくなる。

でも、だからってむやみに難民を受け入れるというのも正しくないような気もするし。う〜ん、やはり答えは出ない。

しかし、僕はどうしてこれほどまでに熱を上げて相手を非難したのだろう。相手の気持ちだって、間違いなく僕の中にあったはずなのに。

ただ言い負かしたいだけだったのだろうか？

1週間がたち、再びディベートの授業になった。その日、僕は前に出て発表することになっていた。

発表の前にまず謝った。先週の授業ではあまりにもひどい言葉を相手チームに言ってしまったと。難民問題は単純な損得勘定だけで考える問題ではないという考えに至ったということも付け加えた。

「だからといって、今すぐ難民を受け入れることに賛成するという意味ではありません。ただし、誰が正しいか正しくないか、誰の言葉がより妥当であるかを突き詰めて、相手を降参させるような問題でもないと思います。お互いに少しずつ譲り合って妥協する問題なのに、自分の主張だけが正しい、あなたたちは正しくないなんていう姿勢は何の役にも立たないと思い、とても反省しました。この授業は正解や相手を説得する方法を学ぶためのものではなく、こういう視点を気づかせるためのものだったのかなと思いました」

ここで、教室の隅で静かに聞いていた教授と目が合った。教授はあたたかい笑みを浮かべていた。

僕は確信した。今期はA判定いただきだネ。

戦わずに生きたらラクだ

それ以降もディベートは続いた。人工妊娠中絶、安楽死、自殺、死刑制度……。

さまざまなテーマについて賛成と反対に分かれて討論した。今でも答えもなく、結論も出ていない問題の数々だ。

よく〝道徳〟や〝常識〟とは、絶対的で譲れないものだと考えがちだが、実は時代や文化によって変わりうるということも学んだ。昨日の道徳が今日の不道徳でありうるように、ここでの常識があちらでは非常識になりうる。

個人についてもそうだ。

僕らはつい自分の考えこそが常識だと思いがちだ。自分が普通の基準であり、一般的な考えを代表しているのだと。

しかし実情は、そうとは言い切れない。

星の数ほどの考えや理解が絶え間なく衝突する戦場が、僕らの人生だ。

間違いなく僕やあなたは、誰かにとっては理解できない変人なのである。

そんな側面では、あのディベートの授業が間違いなく僕の生き方に役立っている。

それまでの僕は、好き嫌いがはっきりしていて自己主張が強く、口ゲンカとなればば自分の正当性を証明して、相手を言い負かさないと腹の虫が収まらなかった。

ましてや恋人とのケンカとなると、どちらが間違えているのか必ず論破しないと終われない野郎だった（ああ、書いていても実にヒドイ）。

ところがディベートの授業を受けて以降は、問題に向かう態度が少し変わった。自分と違う意見に耳を傾けることができるようになったし、他人に自分の考えを押し付けることのないよう、配慮できるようになった。

対立が起きている状況では、是々非々を判断することが重要なのではなく、どうしたら円満に和解して関係を気分よく続けていけるかのほうが大切なのだと考えるようになったのだ。

おかげで僕は他者とケンカすることがなくなった。人当たりがひと回りソフトになったと言えるかもしれない。

人間関係だけでなく、人生への態度もソフトになった。

一時は、人生は終わりのない戦いだと思っていた。

耐えに耐えて、限界まで自分を追い詰めて、何かを克服して勝利をもぎ取る。まあ、だいたいこういうものが人生だと考えていた。

今の僕は、まず争わないようにしている。問題を解決しようとすらしない。

人生の大きな問題とは、解決できる性質のものではないから。

どうすれば思い通りに行かないこの人生とうまく折り合いをつけていけるのか。
それを悩むだけなのだと思う。¶

この戦い、いつまで続けるつもり？
どちらかが勝つまで

決して手を抜いたわけではございません

書店をぶらぶらしていたら面白いタイトルの本が目に飛び込んできて、思わず手に取った。

『安西水丸：心を込めてアバウトに描いたイラスト』（原著は『安西水丸 青山の空の下』）というタイトルの本だった。

心を込めてアバウトとはどういう意味だ？

そう思ってパラパラとめくってみたら、思わず声を上げそうになった。

うわっ！ 本当にアバウトに描いてある！

71歳でこの世を去るまで旺盛に活動したという彼の作品は、心を込めたかどうかはとにかく、確かに少ない線でアバウトに描いてあった。こんな作家がいたとは！

（褒めてます！）

安西水丸のイラストを見たら誰でもきっとこう思うはずだ。

「こんな絵なら自分にも描ける」

たしかに、真似して描こうと思えば描ける人も少なくないだろう。だけど、このイラストで継続的にお金を稼ぎ続けられる人となると別だ。

もし僕がこんなタッチでクライアントに提出したとしよう。するときっとこう言われて突き返されるだろう。

「ハ・ワンさん、もっと誠実に仕事してくださいよ。弊社は30万ウォンでお願いしているのだから、これじゃ金額に見合った完成度と言えません」

そう言われたら「あっ、送るファイルを間違えてスケッチのほうを送っちゃいました、ハハハ」なんて言ってごまかして、せっせと描き直すことだろう。

彼のスタイルは誰にでも許されるタッチじゃないのだ。安西水丸だからああいうふうに描ける。ふんわりと描いたイラストで世間を納得させたのだ。

まあ、世の中すべてとは言い切れないかもしれないが、少なくともクライアントは納得させている。

ムリしてきれいに描かなくてもいい

アバウトに描かれたイラストの話をしていて、もう一人思い出した。

ウェブ漫画界の人気作家イ・マルリョンだ。彼は絵が稚拙なことで有名だ。

緻密な描写で知られる漫画界の大先輩ホ・ヨンマン画伯が、彼の絵を見て自分は漫画家をやめるべきかと悩んだと言うほど、イ・マルリョンの絵はカオスだ。

だけど僕は、彼の絵を下手だとは思わない。むしろ個性的だと感じる。

イ・マルリョン本人は、精一杯描いてこの程度だと謙遜しているけれど、それはちょっと疑わしい。何年も活動している割に彼のタッチは最初から一貫している。絵は描き続けると自然に上達するものなのに。

ほら、かの有名な漫画『スラムダンク』だって、最初と最後では絵の成熟度がまるっきり違うだろう？　漫画を描き続けるうちに実力が向上するのは、どの漫画家にもよくあることだ。

まさか絵が上達しないように手を縛っているわけじゃないだろうし、本人にきれいに描こうという気持ちがないのではないかとすら思う。

いや、まさにそうで、きっと彼はこれでいいと思って描いているのだ。

つまり、うまくきれいに描く必要がない。

イ・マルリョンの漫画の面白さは、ナンセンスでアナーキーな展開と内容にあり、今の彼の絵のタッチがぴったりだから。そつなく描かれたタッチでは、あの味は出ないと思う。

そんな意味でも、彼の絵はあれですでに完成されたスタイルだ。今以上にきれいに描く必要がない。

✧ 自分なりのタッチで、心を込めて

アバウトに描かれた絵には、それ特有の味がある。美しく描かれた絵にはない雰囲気。うまく見せようと変に媚びたりしていない魅力。僕らはそんな魅力を感じて納得させられてしまう。

「大まかに描かれているのに、なんだか良い」

「上手くないのが逆に面白い」

アバウトなタッチから感じられる、まるで世の中にポンと生み落とされたような自由闊達さがたまらない。彼らみたいに肩の力の抜けた絵を描いて仕事をしていけたらどんなにいいだろうか。

誰もがそんな生き方を夢見るが、多くはそっちの道には進まない。

なぜなら、とてもできそうにないからだ。

一度は僕も夢見たができなかった。怖かった。僕には絶対にできない、ああいうのはセンスがある人がやるものだ。そうやって自分を信じることができず、ただあきらめた。多くの人たちと同じように、僕も精一杯きれいに描いて仕事にするほうがはるかに現実的だと思ったから。

安西水丸やイ・マルリョンのようなタッチの絵で仕事をしていくというのは、相当の度胸がないと難しいことだ。

少ない線のイラストをクライアントに提出してお金をくださいと堂々と言うためには、自らにしっかりした自信と信頼がなければできない（もちろん、確かな画力が下支えしているのは言わずもがなだ）。

結局、勇気を出して、全力でぶつかっていかない限り、アバウトなタッチを仕事にすることはできないだろう。

安西水丸の本のタイトルがなぜ「心を込めてアバウトに描いたイラスト」なのかようやくわかった。

僕は、彼のように心を込めることができなかった。

自分らしい絵を描くことができず、他人の目を気にしてどっちつかずの絵を描

いてきた。

ああ、こんな姿勢じゃだめだ。心のこもらない絵を世に出してきたなんて、恥ずかしい。これからは心を入れ替えていきたい。仕事も、人生も。

だからクライアントのみなさん、聞いてください。

「誠意がないのではありません、心を込めて描いた結果です」¶

その格好
どうしたの？
今日からアバウトに
生きることにしたんだ

何気ないトンカツが人生を彩る

僕が最後に通っていた会社は本当に零細企業だった。社員は、社長である呉《オ》チーム長と僕の二人だけだった。

なぜ社長ではなくチーム長と呼ぶのかを説明すると長くなるので、とりあえず社長がそう望んだということにしておこう。

問題なのはそこではなく、男が二人で昼飯を食べるときに繰り広げられるこんな光景のほうだった。

「今日は何を食べようか？」

「そうですね、僕は何でも大丈夫です。チーム長の食べたいものがあれば」

「俺も特に食べたいものはないんだけど。ハ・ワン君、本当に食べたいものはないの？」

「そうですね……特に、思い浮かばないんですが……」

男二人が昼飯を決めるというのは、想像以上に大変なことだ。さくっと決まったためしがない。

もちろん相手に気を使ってという側面もあるが、そもそも男という生き物は、食べたいものが思い浮かばないのだと思う。おいしいものが食べたいという欲求はあるが、今何が食べたいのかまではよくわからない。

一方、女性は食べたいものがその時々で瞬時にひらめくように感じる。女性の脳の一角には、男にはないメニュー選びをつかさどる部位があるのだろうか？

「今日は豆腐がたっぷり入った激辛キムチチゲの気分じゃない？」

「わかる！　キムチチゲを食べたあとに甘いミルクティーなんてどう？」

「いいね、行こう行こう」

息がぴったりというか、ことがよどみなく進行していくのを何度も目の当たりにしてきた。

考えてみたら、女性社員がいた頃はメニュー選びには苦労しなかった。彼女たちのチョイスはいつでも卓越していたし、男はただ従えばすんだ。

「じゃあ、トンカツでも食べに行こうか?」

結局、たまりかねたチーム長が恐る恐る提案し、僕らはトンカツを食べた。しょっちゅう食べた。週に2回はトンカツを食べた。

別にトンカツは嫌いじゃなかったし不満はなかったが、やたらとトンカツを食べているような気がして、なんとなく聞いてみた。

「チーム長はトンカツがお好きなんですね?」

僕の言葉に、チーム長はぎょっとしてすぐさま否定した。

「いいや。俺は別に……ただ、手軽だからだよ。別に好きじゃないよ、トンカツ」

まるでバレてはいけない秘密を明かされた人のようにふるまうチーム長の姿が面白くて、ちょっとおちょくりたくなった。

「大人だってトンカツ好きはいますよ。恥ずかしがることじゃないので正直に言ったらどうです?」

「いいや、違うから!」

チーム長はとことん意地を張った。

それ以降も僕らはしょっちゅうトンカツを食べた。そのつど、僕はチーム長をいじりまくった。「こんなにしょっちゅう食べていても嫌いですって？　トンカツが好きだってなぜ言えないんです？（ニヤニヤ）」と。

執拗な僕のおちょくりに、ついにチーム長は白旗を上げた。

「正直、それまで自分がトンカツが好きかどうかを考えたこともなかったが、最近になって真剣に考えてみた。認めたくないが、自分はトンカツが好きなようだ」と。

今でもどこかで、チーム長はトンカツが好きだと言っているのかな？

トンカツを食べるたびにチーム長のことを思い出す。

いつもの世界をちょっとだけ変えるコツ

もともと、エッセイ作家になる予定なんかなかったのに、どういうわけか執筆活動をしている。そして世の中には簡単な仕事なんかないことを改めて実感している。

エッセイというものは、とにかく日常の中から素材を見つけなければならない。

これが思ったよりもやさしくない。

ほとんどの一日は、前日をループしているようで目新しいことは起こらない。昨日みたいな今日の連続だ。ストックしてあるエピソードはすでに全部かき集めて書いたし、新しいことが起こらない限り、執筆活動はいつでもネタ不足だ。だから、最近は使い切った歯磨き粉を絞りに絞って使うように、必死に文章を絞り出している。こんなことじゃ、長くは続かないだろう。

とにかく、何でもいいから一つ拾ってみようと、ぼんやりと過ごしていた日常を丁寧に再点検してみる。

どうってことないエピソードをネタとして昇華させるには、普通に食べていたトンカツもそのままスルーしちゃいけない。トンカツとの思い出と愛と悲しみとチーム長と僕と……。

そうやってあることないことを全部思い出してみれば、ちょっと世界が違って見えてくる。

トンカツは今や、僕が知っていたあのトンカツじゃない。単なるカロリーの塊として遠ざけてきたトンカツの名前を叫ぶとき、トンカツは僕にとって意味のある存在となる。

この世に存在するもので人生を埋めていくというのは、そうやってぼんやりとやり過ごしてきたものたちを振り返って、名前を呼ぶことなのかもしれない。

今日も地面に落ちていた何かを拾って泥をはたき、僕だけの宝箱にしまい込む。
こうしてまた、エッセイのネタが一つ増えた。
エッセイってこんなふうに書くので合っていますか？¶

書くネタがないなあ。
これしきの話を書いてもいいものか。
意味ないよな……。
じゃあ、何ならいいのか？
エッセイとは何か？
なんで書くんだろう？
なんで生きてるんだろう？

僕の執筆が進まない理由

大切なのは「結果」ではなく「軌道修正」

中学3年生だったある日、担任の先生に呼ばれ、とある高校の推薦入学を打診された。家からは少し離れた産業高校だったが、成績優秀な生徒から選んでいるという。

「奨学生で入学すれば学費が3年間免除されるぞ」

うちの経済事情を考慮した先生からの提案だった。

僕はその場で、「行きます」と返事をした。

どうせ大学に進学するつもりもなかったし、成績はそこそこよかったけど、学問を突き詰める気もなかった。

早く高校を卒業してお金を稼ぎたいとも思っていた。職業訓練教育に特化した産業高校なら就職にも有利なはずだ。

そう考えて、入学を決意した。

「……ああ、なんで入っちゃったんだろう」

産業高校に入学して2年が過ぎようとしていた頃、そう思った。

1年生のときには、そろばんの授業があった。先生が読み上げる数字に合わせてそろばんをはじいた。

21世紀も目前なのにそろばんで計算している会社なんてあるのか？と訝《いぶか》しみもしつつ、しかしまあ必要だから学校で習うんだろうと思っていた。

ところがどういうわけか2年生に進級したとたん、そろばんの授業がなくなった。今どきそろばんなんか使わないとのことだった（それ、知ってた）。

紙を挟んでタイピングするワープロにも必死で慣れたのに、その科目も消えた。これからはパソコンの時代だと言われ、あたふたとパソコンでの文書作成法を身に付けた。

時代が急速に変化していて、それについていくのに必死だった。いや、すでに、ついていけなくなっていた。

産業高校の卒業生がそれなりの企業に入社できるという成功談も、ずいぶんと過去の話になっていた。就職できない先輩たちが溢れかえり、なんとか就職できた先輩たちも名もなき会社に甘んじなければならなかった。ちょっと名の知れた良い会社となると、大卒でないと受け付けてもくれなくなっていた。そろばんだのワープロだののレベルの話ではなかった。

でも、それは産業高校だからではない。もはや、世の中が高卒の人間を必要としていないようにさえ感じられた。

「このままじゃやばい、大学に行かないと……」

大学に行かないとまずいなんて、誰も教えてくれなかったから焦った。

両親でさえ進学については強要もアドバイスもしなかった。まあ、うちの両親はそっち方面にはまったく疎《うと》いようだったが。彼らの唯一の心配事は、子どもが大学に進学すると大金が必要になるという一点のみだった。

ともかく、僕は大学に行くことにした。食べて行くのに必要な経済力を養うために。

さっそく、そろばん、いや計算機をたたいた。高3に上がるまで受験勉強というものをほとんどしてこなかった僕が大学に入れる確率は?

これから死ぬほど勉強したとして……うん、めちゃくちゃ厳しそうだ。

挫折しそうになっていたとき、僕は絵が得意だということを思い出した。

美大ならいけるんじゃないか？　学力で足りない部分を実技で補えば何とかなるかも？

幼い頃から絵を描いていたから、素質もちょっとくらいはあったと思う。いろんな大会で何度も入賞もしている。

だけど、絵描きで食べて行くのは至難の業だとずっと聞いてきたから、職業にする気はなかった。美術をもっと勉強したいという気もなかった。

だから、ただ大学に入るための選択としての美大だったのだ。大学にさえ入れれば専攻なんかどうだっていい。

ちょうどその頃、これからはデザインの時代だという言葉をよく耳にしていたから、それもあってデザイン科に進もうと決めた。

そして3浪の末、大学に入学した。

大学の卒業証書さえ手に入れれば、就職だってできるはずだ。

「……えっ？　そういうわけじゃないの？」

純粋すぎた。大学卒業を間近に控えた頃、時代がまた変わりつつあった。あの最高学府ソウル大学を卒業しても、博士号があっても、就職できない人がわんさかい

ると ニュースが伝えた。

僕が浪人生、大学生（休学して兵役もあった）として過ごしている間、大韓民国では実に多くのことが起こった。

1997年の通貨危機に見舞われた韓国ではIMFによる構造改革がなされ、経済が低迷する中で21世紀が始まり、2002年のワールドカップでは韓国がベスト4に進出し、インターネットの時代になって、2007年には少女時代がデビューした。そして、大学の卒業証書ごときでは就職が難しくなっていた。

大学さえ出れば自動的に就職できるんじゃなかったのか？

まるで迷子にでもなった気分だ。

そしてそれは、僕だけが感じていることではなかった。卒業後の人生に不安を感じていたある学生が、教授にこう尋ねたという。

「学校では職業訓練はやってくれないのですか？」

教授は、情けないなあという表情を浮かべてこう答えた。

「大学は学問をする場であり就職あっせん所ではありません。ここで学んだことを何に使うかは、自分の責任で決めなさい。人生は各個戦闘（個の戦闘力で戦うという意味。軍隊用語）である！　イエッサー」

こうして自分たちの食べていける道を探して、みな、散り散りになった。大学院に進学する者、外国に留学する者、卒業を延期して就職の準備をする者、自分の会社を興す者……。そして僕みたいに無職になる者。

大学を卒業したとき、僕は30歳だった。浪人時代から卒業まで、20代をほぼ大学に捧げたようなものだ。

経済力を高めんがために長いこと自己投資してきたが、結局僕はへたり込んだ。良い大学に行けば人生は開けると信じていたのに、人生が膠《こう》着してしまった。そして就職活動もしないで家に引きこもり、それから数年をムダに過ごした。

なぜかって？

家の外では、し烈な就職戦争が繰り広げられているのだ。そんなところに低レベルな成績と卒業証書1枚をぺらっと手にもったまま飛び出して行ったたって、流れ弾に当たって傷つくだけ。勝算はないと感じていたからだ。

いつもこうだった。必死に走っても、全然追いつけない。それなのにずっと何かに追われ続けている気分。

競争力のない者の宿命なのか？

もう疲れた。競争力を養うことに。周りより自分がましだと証明することに。

今ではほとんどの人が大学を卒業するので、それだけでは競争力にはならない。それ以上のものが必要だ。

しかも、さらにみんなが努力してそれ以上のものを身に付けるから、それもまた競争力にはならなくなってきている。

〝それ以上の以上のもの〟が求められてくるのだ。

最近は就職のための〝スペック9種セット〟がマストだと言われている。有名大学卒、成績、TOEIC900点台後半、語学留学、有資格、公募展入賞経歴、インターン経歴、ボランティア活動、整形手術。

なぜここまでしなければならないのだろう？

これは浪費だ。しなくていい競争であり、資源の浪費だ。

これは一体誰のための競争なのだろうか。

もちろん、これらのスペックを全部兼ね備えてこいと会社から言われたわけではない。実際、会社ではほとんど必要のないスペックばかりだ。

僕らはそれも知りつつ、このレースに参加している。会社はただ黙ってこの戦いを見守っているだけ。

「勝者はどうぞわが社へ」

全知全能な会社に気に入られるために僕らは死に物狂いで戦う。

この戦いに終わりはあるのだろうか？

これから先、またどんなスペックが追加されるのだろう。

いい会社に入っても、結局悩む

ところで、こんな就職競争を勝ち抜いた勝者たちは何の問題もないのだろうか？

まっすぐな高速道路を何の心配もなく、手をハンドルに添えたまま走り続ければいいのだろうか？

答えはノーだ。なんと驚いたことに、大企業に入社した新入社員の約3割が1年以内に退職していると言う。

退職したいけど、もったいなくてできない人を含めると、さらにたくさんの人たちが辞めたいと思っているということだ。

「あ、ここじゃなかったかも……」

入りたくても入れない超難関の大企業を自らの足で出ていくなんて理解できないけれど、これも経験した人にしかわからないことだ。いつでも理想と現実は一致しない。つらい思いをして得たものを捨てなければならないときの心情とは、いかばかりか。

だけど、もしあなたがそんな状況にあったとしても挫折しすぎる必要はない。たくさんの人に出会ってこそ自分と馬が合う人と出会えるように、経験も失敗もたくさんすることが僕らには必要なのかもしれない。

この年だから僕はわかっている。すべての心配や不安を解決できる魔法の鍵みたいな正解はないってことを。

どれを選んだとしても、僕らはいつも間違ったほうに来てしまうものだ。

これからもそうだろう。

だから絶えず軌道修正しながら進んでいくのが人生なのかなと思う。

ああ、心が少しだけ軽くなった。¶

ワタシハダレ　ココハドコ

ワカラナイヨ……

お金持ちじゃなくて本当によかった

インターネット上で拡散されている、こんな格言がある。

お金で幸せを買うことはできない。
でも、自転車に乗って泣くより
ベンツに乗って泣くほうがずっと快適だ。

ああ、反論の余地なし。そりゃあ、ベンツに座って泣くほうが快適だろう。格好も付くし。

ベンツに乗って泣いたことがないから言いきれないけど、きっとラグジュアリーなシートの心地よさから涙も早く引っ込むんじゃないかな？

つまり、この格言の真意は〝何が何でもお金が最高〟ということに尽きるだろう。

やっぱり役に立たない話だった。ベンツの快適さは、乗ったことがなくても周知の事実だ。知らないから乗っていないのではなく、お金がなくて〝乗れない〟のだ。とにかくお金が大事だなんて十二分に知っている。知っているけど、もっていないだけだ。

同年代の仲間で集まっても、お金の話は外せない。というか、お金の話以外することがないように感じるときのほうが多い。あいつはいくら稼いでいるらしいとか、何をやって儲かったとか、あの辺の不動産相場が上がってきたとか……。

僕らの関心はお金のことに偏っている。あまりにも狭い。つまらないを通り越してもう飽き飽きだ。お金の話はすればするほど、答えが見えなくなるどころか息苦しくなる。

〝お金〟に飽きることはないが、〝お金の話〟となると別だ。話すことでお金が増えるならいくらでもしたいが、現実はそうではない。だから最近は、お金の話が好きな人たちとはあえて会わないようにしている。

格言の話に戻そう。この格言で注目すべきところは、ベンツの部分じゃなくて「お金で幸せは買えない」のほうだと思っている。

僕もこれまで、お金がないことから生じるたくさんの問題を経験してきた。だから、どうしてもお金さえあればすべて解決して幸せになれると思いがちだ。

しかし、信じがたい話だが、お金が余るほどあってもお金の問題は尽きないという。まったく違ったタイプのお金の問題が生じるのだそうだ。

まず、金の無心が増えるという。親戚、友人、同窓生、なんと面識のない人たちまで、寄ってたかって貸してくれだの投資しろだの、タダでくれとまで言ってくる始末。もし貸したとしても返済されなかったり、詐欺や盗難に遭ったりすることもあるという。

断ればいい話だが、一つひとつ断るのだって大変な労力が伴うだろう。なんというストレスだ。

だがそれはまだいいほうだ。つらいのは、一番身近な人との間にお金の問題が生じたときだ。

愛する人に裏切られたり、家族同士が対立したりすることもある。ひどい場合には、親子の縁を切ることも、兄弟同士が敵になることもあるのだ。

これくらい書き連ねると、僕が金持ちじゃなくて本当によかったとすら思えてくる。

✧ 幸せを感じられないのは、本当にお金のせい？

数年前には、ある大企業トップのパワハラと暴言が世間を騒がせた。桁外れの財力と権力をもっているはずの彼らの言動が、まったく理解ができなかった。

何が不自由で、彼らはあんなふうになるのだろう？

彼らは幸せとは距離があるように見えた。狂ったように怒りをあらわにし、他人を見下す態度は病んでいる姿そのものだ。

自分たちの力を誇示し、他人を踏みつけることで自分を高められると信じている、自尊感情が地に落ちた人間たちがそこにいた。

もちろん、彼らの自尊感情や幸福度が僕に正確にわかるはずもない。それでも、毎日のように怒りを爆発させている人が幸せだとはとうてい思えない。

彼らの姿を見ていると、幸せはお金がもたらしてくれるものではないのだと実感する。

実際、幸せを感じていない金持ちがたくさんいるという。苦悩にさいなまれ、うつ病で苦しむ人も多いのだそうだ（僕にはとても信じがたいが）。

もちろん、幸せに暮らしている金持ちもいる。しかしやはり彼らが幸せなのは、お金があるからだけじゃない。

お金はあるに越したことはないが、〝お金＝幸せ〟ではないのだ。

だから結論としては、お金がたくさんあっても幸せになれるとは限らない。

それはつまり裏を返すと、**僕らが幸せを感じられない理由も、実はお金のためだけじゃないと言える**と思う。

お金で幸せを得ることは難しい。そのお金で何をすれば幸せになれるのか、明確な答えがないからだ。だから〝幸せになろうとしても必ず失敗する〟なんて言われてもいる。

幸せは簡単には得難いから、誰もが堅実にお金を追い求めるのかもしれない。お金で幸せを買うことはできないが、あれこれと楽にはなるから。¶

カネ
カネ
カネ

常にキラキラしている人なんていない

いつからだろうか、金曜日がただの金曜日じゃなくなったのは。

〝炎の金曜日〟（日本の〝花の金曜日〟にあたる）だなんて。なんだか火を点けて跡形もなく燃やしてしまいたくなるような破れかぶれ感じゃないか。

だからだろうか。僕は金曜日の夜ともなると、もれなくホンデのクラブに行って音楽に身を任せ、燃えるような一夜を過ごして……みたかったが、それにはいくつかのハードルがあった。

人ごみが苦手で、うるさいところはもっと嫌い。何より40過ぎの僕を年齢制限の厳しいホンデのクラブが受け入れてはくれないだろう。

というわけで、金曜の夜には、おいしい料理とビールを抱えてテレビの前にどっかりと腰を下ろすのがお決まりとなった。

何が炎の金曜日だ。こうやって家で炎を燃やせばいいのだよ。

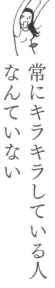

週の終わりを自ら祝う週末パーティの始まりだ。冷えたビールを飲みながらテレビを見る時間は僕に大きな喜びをくれる。

最近の週末パーティのお供は、独身芸能人たちの一人暮らしを観察するリアルバラエティ番組『シングル男のハッピーライフ』だ。

他人の生活になんて興味がないと思っていたが、思い違いだったようだ。誰かの暮らしぶりを覗き見ることがこんなに面白いなんて。

特に独身男性の生活にフォーカスしているせいか、個性やライフスタイルが一層際立ち、多彩な暮らしぶりを見守る面白さに溢れている。部屋の広さやインテリアの趣味も人それぞれで、俳優やミュージシャンといった出演者みんなが生活を楽しんでいるように見える。

そこには良いも悪いもない。多様性があるだけだ。

ペントハウスだったり、ワンルームだったり、半地下の賃貸に住んでいるスターもいる。バリエーションに富んだライフスタイルが実に興味深い。

そうやって毎週、出演者たちの日常を見守っていると、彼らの魅力を感じるときがある。思いがけない一面が垣間見えた瞬間だ。ギャップ萌えっていうやつかな？

見掛けによらずすごく人懐こい側面があるとか、派手なイメージとは違って意外に倹約家だとか、そういう姿を見ると好感度はうなぎのぼりだ。「へえ、この人ってこんな人だったの？」と見直したりする。その人に対する固定観念が破られてイメージが再構築され、その人をもっと知りたい気分にもなる。

誰かをよく知るということは、その人をひと言で定義づけるのではなく、その人のさまざまな面を知っているということなんだな。

改めてそう思わされた。

ただし、まれにだが、魅力が半減する出演者もいる。正直になれないとか、何かしらのしらじらしさを感じたときだ。

映画の技法に〝違和感（defamiliarization）〟を利用したものがある。たとえば、劇中の登場人物が突然カメラ（観客）目線で語り掛ける場面。

その瞬間、観客は入り込んでいた映画の世界から抜け出し、「ああ、そうだった、これは映画だった」と改めて認識する。そしてそれ以降は、まるで川の向こうから眺めているかのように映画を観ることになる。観客と映画の間に一定の距離を置きたいときに監督が計算して使う演出だ。

ところが意図せず距離感を感じてしまうときもある。俳優の演技が下手なときだ。

目の前の出来事が現実ではなく演技だと悟った瞬間、没頭していた世界も粉々になる。

定点カメラ形式のリアルバラエティも同じだ。出演者が演技していると感じた途端に興ざめしてしまう。良い姿を見せようと作り上げると、むしろそれまでの魅力まで壊しかねない。

髪型から顔まで完璧に作り込まれた状態で、今しがた目覚ましたと言わんばかりにベッドから優雅に起き上がるとか。

そんな演出は、さすがに視聴者も見破る。いつでもカッコいい姿を見せたいのはわかるが、その瞬間にこちらも冷めてしまうのだ。

かの伝説のミュージシャン、カート・コバーンもこう言っているじゃないか。「偽りの自分を愛されるより、ありのままの自分を憎まれるほうがいい」と。

意外とみんなも、同じように過ごしている

もちろん、自分が生活している姿をそっくり他人に見せることは容易ではない。それも電波に乗って全国津々浦々まで流れるのだ。だからこそ、むさくるしい（？）

姿も包み隠さず見せてくれる出演者にはありがとうと言いたい。

この番組に新鮮さを感じるのは、広くてきれいな家とか、想像もできないような華やかな暮らしぶりとは真逆の、僕らが見慣れている場面にスターがいる点だ。

華やかに見えるスターでも、家では首まわりの伸びたTシャツを着て、浴室の床にかがんで髪を洗い、インスタントラーメンで一食をしのぐ。何でもないそんな姿を見せてくれる正直さがいい。

そんな正直さのおかげで僕も金曜日の夜を楽しめている。スターと僕とは雲泥の差があるとは思いつつも、なんだか彼らも僕とそれほど違わないんじゃないかと思えてくる。

人間として生きるというのは、誰でも同じなんだな。

その瞬間は貧富の差だの格差社会だのを忘れられるのだ。

そんな意味でも、この番組が長く続いてくれることを祈る。

あわよくば出演者のみんなが、今のままずっと独身で生きていってくれれば……。

あ、これは違うか。¶

金曜日だ！

クソつまらない時期こそ、人生には必要なのかも

近頃、何をしても気が乗らない。映画を観ても、本を読んでも、あちこち散歩してもつまらない。

TWICEのミュージックビデオを見ても何のときめきも感じないだなんて……これはかなりの重症だ。

行動する意欲も湧かなければ、何事も面倒に感じる。

ああ、この状態……ひょっとしてあれなのか？

最近よく使われる新語に「人生No《ノ》 Jam《ジェム》時期（Jamとは韓国語のジェム「楽しみ」のことで、No Jamで「楽しくない、退屈だ」という意味を表す）」というのがあるが、どうやら僕にもノジェムの時期が訪れたようだ。

このゾーンに突入すると、まずは誰しもが人生を何か大きく間違えているような感覚に陥る。なんだか停滞しているようであり、こんな人生に何か意味があるのだろうかと頭を抱える。だから何を見ても面白さを感じなくなる。娯楽にすら何も感じないノジェムは死活問題である。

考えてみれば、僕らはふだん、娯楽への価値を高く評価しているみたいだ。芸能人やスポーツ選手を例に見てみよう。僕らを楽しませてくれる彼らは、想像も付かないような大金を稼ぐ。現代社会では〝娯楽〟を提供する人がお金をよく稼ぐのだ。

生死には直接関係なさそうなエンターテインメント市場がもっともお金を集めているということは、人々がそこにお金をたくさん使っているということ。つまり、それだけ価値があると感じているのだ。

娯楽にこれだけ莫大なお金を投資しながらしか生きられない人生って、本当にクソつまらないのでは……？　僕らは、娯楽がなければ、この退屈な人生を耐え抜いていけないのかもしれない。

だから、一刻も早くこの悪しきゾーンから抜け出さなくてはならない。

しかし改めて考えると、別にわざわざ克服すべきものなのか？とも思った。このゾーンの存在には困っているが、別に間違った状態だとも思わない。

人生とはもともと無味乾燥なものだし、楽しさより苦痛のほうに近いだろう。変化も遅く、死ぬまで日常が繰り返される。言わばノジェム期は、人生の本質により近いと言える。

楽しく生きるに越したことはないが、楽しみのない人生だからって間違いではない。

しかも、このノジェム期が永遠に続くわけでもない。人生が僕らをこのまま野放しにしておくわけがない。

一番可能性が高いシナリオは、そう遠くないうちに頭の痛い問題が生じてノジェム期が終わるというものだ。

ストレスを受け、腹が立ち、事態を収拾しようとバタバタしているうちにノジェム期のことを考える暇もなくなる。

裏を返すと、ノジェム期というのはつまらない時期である一方で、大きな問題がない時期だとも言える。

風のない凪《なぎ》の状態というか、天国と地獄の間にある煉《れん》獄というか、大きな楽しみもない代わりに、大きな苦しみもない、無の世界。

生きている間には、こういう時期があっても悪くないと思う。

いつも荒波を越えてばかりだと不安定だし、たまには休みながらやらないと。人生はアップダウンの連続なのだから、どん底を這いつくばるような時期に比べれば、ノジェム期なんか可愛いものだ。

✧「賢者タイム」があなたの人生を導く

ノジェム期は、大きな目標を達成した後に訪れやすいという。たとえば大学合格、就職、結婚などの大きな峠を越えたあと、日常を繰り返しているうちに懐疑心が生まれるのだ。

結果はこれっぽっちなのか？ たったこれだけのために……。

これは、セックスのあとに訪れる、抜け殻のような気分に似ていると思う。いわゆる〝賢者タイム〟ってやつだ。

欲求が解消されたあとにそれまでの情熱や興奮が一気に冷めて、平常心や虚無感が訪れる。こんな心境が、欲望から抜け出して悟りを開く賢者のそれに似ているというのがその由来らしいのだ。

ノジェム期は賢者タイムだ。それまでの目標に、楽しみに、または苦痛に隠れて見えなかった人生の本当の姿を自覚する時間だ。
そうなって初めて僕らは自問する。

自分は何のために生きているのだろう?
このまま生き続けていていいのだろうか?
自分が望んできたことは本当にこれだったんだろうか?
じゃあ、自分が本当に望むことって何なんだろう?

幸せな人は自問しないのだという。今、問題を抱えている人だけが問い掛ける。
納得いく答えは出ないかもしれないが、こんな時期を経て僕らは成長していく。
方向を定めて道を探してこそ、また歩んでいけるのだから。
人生の意味や楽しみは、自ら探すものだ。誰かが決めてくれるわけではない。
だから僕らには、賢者タイムが必要だ。
さあ、賢者になる時間だ。¶

Life is

No Jam.

(人生とはクソつまらない)

貧しさだって幸せをもたらす

ドラマを見ていると、こんな主人公が時々登場する。自分が本当にやりたいことは別にありながら、両親に無理強いされて会社を継いでいるとか、医者になったとかいう主人公だ。

そんな主人公が、ドラマの山場で泣きわめきながら両親に訴えるシーンがよくある。

「私はお母さんの操り人形じゃないんですよ！」

誰かの期待に沿えるように生きるというのは、自由のない監獄に生きているのと同じだ。主人公の息の詰まる心情は痛いほどわかる。

とはいえ１００％共感はできない。小さい子どもならまだしも、いい大人が親の言いなりだなんて。

大人なら親の言うことをよく聞く必要はない、というのが僕の持論だ。自分で決めて、それに責任をもつのが大人というものだ。

まあ、言うのは実に簡単で、実際のところ親子の間柄というのは簡単ではない。葛藤があって当然だ。進学の問題から、就職、結婚まで、親の意思と自分の意思が一致しない場合はもつれること極まりない。


僕は母からは進路について干渉されたり、助言を受けたりしたことがない。母はいつも僕の決めることには口出しすることなく、ただ見守るだけだった。

普通高校じゃなく産業高校への進学を決めたときも、美大に行くと言ったときも、3浪までしたときも、大学卒業後3年間も引きこもり生活を送っていたときも、40歳を過ぎて結婚していなくても、母は何も言わなかった。

これがいかに幸運なことかを、最近になって知った。普通の親だったら大騒ぎになっていてもおかしくなかったはずだ。

あるとき、興味に任せて母に尋ねてみた。

「母さんはなんで僕に、ああしろこうしろって言ってこなかったの?」

母の答えはシンプルだった。

「私が何か言ったところで、お前がちゃんと聞く子かい?」

うむ、さすがに返す言葉がない。確かに母が何を言ったところで、僕は自分の思いどおりにしか動かないやつだ。

それでも親という立場から言いたいことの一つもあっただろう。事実、言いたいことはたくさんあっても、ぐっとこらえてきた母の心情はおぼろげながら気づいていた。

母は、僕ら兄弟にいつも申し訳ないと言っていた。貧しくていろんなことをしてやれなくてすまないと。

僕があれこれと我慢を強いられて苦い思いをしたときにも、母は自分のせいでそうなったと考えたに違いない。

だから母は、言葉の代わりに沈黙を選んだのだろう。ごめんという言葉をかみ殺して。

僕は、別に母が申し訳なく感じる必要などないと思っている。僕ら兄弟を見捨てることなく育ててくれただけでも、どれだけありがたいことか。もし僕が母の立場だったらきっと10回は捨てているだろう。

僕が小学生だったある日、母が家出をしたことがある。毎日ケンカして父に殴られる人生に嫌気が差したのだ。

母が消えてから4、5日した頃、酒に酔った父が子どもたちを集めて「母さんを探してこい！」と叫んだ。小さな子どもたちが、どうやって探し出せるというのか。だけど、探すふりでもしないと怒られるから、僕らは家を出た。

そして、どこに行けばいいのかわからず、近所をぐるぐるさまよっていたときにこう思った。「いっそ母さんが戻ってこなければいいのに」と。母親をもっとも必要とする時期の子どもだったにもかかわらず、そう思った。

母さんは新しい人生を生きてくれたらいい。こんな地獄から母さんだけでも脱出してくれればいい。

しかし、母は戻ってきた。子どもたちを見捨てることができなかった。

それ以降も、母は苦しい日々に耐えながら僕らを育てた。もし母が僕らを捨てて消えてしまっていたなら、僕らの人生も違ったものになっていただろう。

こんな僕が人間らしく生きてこられたのは母のおかげだ。母にはいつも感謝の気持ちしかない。

ありがたすぎるあまり、もし母から無理なお願いをされたとしても僕は母が望むならと、言われた通りにしてしまうかもしれない。

だけど母は、僕にどんな願いも助言もしなかった。僕が心置きなく失敗して挫折できるように、自分で道を探し出せるように言葉を出し惜しんだ。そして今の僕がいる。

つらい状況だからこそ、得られる幸せもある

時にはあり得ない想像もしてみる。僕らの家がとんでもない富と権力をもつ家だったらどうなっていたのだろうかと。

そのときこそ、堂々と僕に要求を突き付ける母の姿が見られるのだろうか？

僕の意志などおかまいなしに僕の進路を決める母。当然、結婚相手も母が決める。僕はそんな母に逆らうことができない。母に認められたいから。母を喜ばせたいから。今、享受しているものを手放すわけにもいかず、財産も受け継がなければならないから。

だから操り人形になろうがなんだって、母が望む人生を生きるしかない。アメリカに渡ってＭＢＡを取得して帰国し、母の会社に理事として入り、実務を遂行しながら……ん？　悪くないな？

でも、もしそんな裕福な家だったとしたら、少なくとも今みたいに母のことが好きにはなれないと思う。

母には申し訳ないけど、母が僕に干渉してこないのが気に入っている。僕の生きたいようにさせてくれてありがたい。

少なくとも自分で選んで、そのつど責任を取りながら生きてきたから、誰かに対する恨みもない。

貧しくて良かったこともあるんだな。

これも僕のもてる幸せだ。¶

息子よ、あえて言わないわ

アツアツな恋だけが素敵なわけじゃない

音楽なしには生きられないと思っていた時期があった。音楽は国が許可する唯一の麻薬だな、なんて思っていたほどだ。

音楽は僕をドキドキさせた。四六時中、耳にイヤホンを突っ込み、どこに行くにも音楽と一緒だった。好きな歌だけ詰め込んだマイ・プレイリストもあった。

それほどまでに音楽漬けだったのに、今は変わってしまった。

楽しんで聞いてはいるものの、以前のように熱狂的ではない。最新のヒット曲や人気歌手もよくわからない。

それでも、仕事をするときには音楽がないと物足りない。最近はアグレッシブな曲は疲れて聞けないので、静かなジャズやシティーポップスを聞きながら作業している。それも僕が選曲したものではなく、YouTube にアップされているプレイリストをそのまま再生するだけだ。マイ・プレイリストがなくなってからずいぶんとたつ。

先日は作業用ＢＧＭですら、あまりにも煩わしく感じられてオフにしてしまった。その日は何の音もしない静寂の中で働いた。

なんだか自分じゃないようだ。あんなにあった音楽への愛はもう冷めてしまったのか？　どうして変わってしまったのだろう。

理由はいたってシンプルだ。

万物は変化する。季節は移ろい、熱いものは冷め、若いものは年を取る。

年を重ねると好きだったことが邪魔になったりもする。

音楽だけじゃない。あらゆることに感動が薄くなってしまう。若い頃に感じたときめきもほとんどない。体の老化に伴って新しい刺激への処理能力も落ちるようだ。

時代の流れが速すぎるうえ、新しいものが次から次に登場するものだから、正直、もう、僕は、ついていくだけで、息切れが、して、いる……。

いろいろと年を取ることの良い面を探してきたが、これはやっぱりせつない。

とはいえ、無理して昔の情熱を取り戻そうと努力するのもなんだかやるせない。

これは克服するものではなく、自然な流れなんだ。

去るものは去る。受け入れていこう。そうだろう？

✧ 昔を美化しすぎていない？

あるとき、バスに乗っていて、後ろの席に座っていた中学生たちの会話が気になった。

「ああ〜、鬼旨いものが食べたい」

「ボングス・パプバーガー（若者に人気のライスバーガーのチェーン店）とか？」

「それな！　ボングス・パプバーガー！」

うっかり吹き出しそうになった。

世の中には〝鬼旨いもの〟がたくさんあるというのに、なんでボングス・パプバーガーが1位なんだよ、可愛いなあ。

まあ中学生ならそんなものか。確かに僕も中学生の頃は、大人が好きな食べ物がおいしいと思ったことはなかったから。

ボングス・パプバーガーが大好きな中学生たちが、これからたくさんの食べ物を味わって好きになっていくことを考えたら自然と笑みがこぼれた。食の好みも変わり、好きなことも変わっていくだろう。

僕らは、変化に対して「変わった」と言い、それを良くない意味で受け取ることが多い。

でも、変わることは悪いことばかりじゃない。

むしろ、変化のない人のほうがおかしいと思う。

長い年月がたっても変わらないというのは、ある意味、成長していないとも受け取れる。変わるほうが自然なのだ。

再び音楽の話に戻るが、無音でも作業ができるようになった僕は、これから音楽が嫌いになっていくのだろうか？

いや、そんなことはない。今でも音楽が好きだ。昔ほどのめり込んでいないというだけだ。

あれこれと気を配らなくてはならないことが多すぎて優先順位が低くなったというだけで、音楽は今も僕の生活の中で大きな位置を占めている。

音楽は今でも僕を泣かせて、笑わせてくれる。ノリのいい音楽が聞こえれば自然とリズムを取り、偶然、自分の好みのど真ん中の曲に出会えたときはまるで宝物を発見したような喜びがある。熱くはないけど、今でも愛はあるのだ。

これは、人との愛にも合てはまるんじゃないだろうか。熱いものは必ず冷める。誰かはそれが以前のようにときめかないから倦怠期だという。しかし、冷めたというだけで愛は終わっていないはずだ。

アツアツだけが愛ではない。ギラギラすることなく、お互いがやけどしない程度のちょうどいい温度を維持する、ほんわかと穏やかな愛もある。

その温度や自然な変化を受け入れられなければ、その関係は終わってしまう。いつでもドキドキしていたい人は、新しい愛を探すかもしれない。それ自体は悪いことではないけど、新しい愛だっていつかは冷めていく。

最近になって、ボングス・パプバーガーを食べてみた。思っていたよりおいしくて驚いた。

中学生に限らず、オジサンも惚れる味！ ¶

お前、変わったな
変わらないほうが
おかしいだろ

つらい経験こそ人生のエッセンス

一度見れば十分という映画がある。間違いなくいい映画なのに、もう一度見ようという気は起こらない。

一方で、何度でも見たくなる映画もある。完成度や評価にかかわらず、ただ、心が欲するのだ。

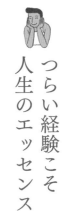

僕が時々見たくなる映画は、岩井俊二の『ラブレター』、ピーター・チャンの『ラヴソング』、それからウォン・カーウァイの『恋する惑星』と『花様年華』、ミシェル・ゴンドリーの『エターナル・サンシャイン』……おや？　並べてみたらラブストーリーばかりだな。自分ではミステリーとクライム映画が好みだと思っていたけど、ラブストーリーが好きだったのか。

同じ映画を繰り返し見るというのは、なんだか奇妙な体験だ。すでにあらすじも知っているのに、こんな内容だったっけ？と思うようなときがある。ひょっとしたらどんどん薄れゆく我が記憶を留めようとして、同じ映画をリプレイしているのかもしれない。

古い映画を観ていると、いろんな記憶も一緒に思い出される。まるでタイムスリップしたみたいに、その映画を初めて観た瞬間に滑り込む。

思いもよらない記憶が脳内再生され、しばしあの頃の思い出に浸ったりもする。

今でこそ大好きな映画の一つになったけど、ウォン・カーウァイ監督の『花様年華』を初めて観たときの感想は、〝うーん、いまいち〟だった。

たしか封切られたのは2000年だったと思う。当時20代前半だった僕は、この映画に大きな期待を寄せていた。ウォン・カーウァイ作品のファンだったうえ、トニー・レオンとマギー・チャンが主演となれば観ないわけにはいかない。何が何でも見るべき映画だった。

一般客より先に観た評論家たちももろ手を挙げての大絶賛だった。ほほう、やはりいい映画に間違いないのだな。大きな期待を胸に映画館に出掛けた。

そして、がっかりした。

映像は美しいけれど、ストーリーがだるすぎる。当時はそう思った。

『花様年華』のストーリーはこんな感じだ。

チャン婦人（マギー・チャン）とチャウ（トニー・レオン）にはそれぞれに配偶者がいる。たまたま出会った二人は、互いの配偶者同士が浮気をしていることを知ってしまう。

現実社会でこんな状況に陥ったら、怒り狂って配偶者を問い詰めるだろう。しかし、この二人はそんなことはしない。

間違いを起こしているのは配偶者のほうなのに、チャン婦人もチャウも、それぞれの配偶者のことを理解しようとする。自分たちの配偶者がどんな経緯で付き合うことになって恋愛関係に発展したのかを想像する。そのうち、二人の間に奇妙な絆が生まれ、その絆はやがて愛に変わる。

それからどうなるのかって？

何も起こらない。二人は一線を越えることもなく、これ以上会わないことにする。お互いを愛しているのは間違いないのに、本人たちもそのことを知りながら、ただ別れる。

もちろん二人ともそれぞれの家庭がある妻であり、夫であるという立場も理解できる。でも、愛しているのならここは勇気を出すべきじゃないのか？　お互いの配偶者に復讐するためにも、この愛を成就させればスッキリするのに。

正統派のロマンス映画なら、別れたあとに自分たちの過ちに気づいて走り出し、海外へ発《た》とうとする相手に抱き着いて大団円、がお約束だろう。

当時の僕はそういう明快な結末が好きだった。

しかし、この映画はそうならない。配偶者に問い詰める勇気も、新しい恋に走る勇気もない彼らの物語は実にまどろっこしく、ねっとりして退屈だった。

そんな感想しかなかったから、『花様年華』は僕の記憶の中の〝いまいちフォルダ〟に仕分けられていた。


それから10数年後。偶然テレビで放送されていた『花様年華』を何の気なしに見始めた。ビールのアテに、暇つぶしのつもりでチャンネルを合わせていたら、懐かしいつまらない話が写し出された。

それをぼんやり見ていたのだが、気づいたら泣きそうになっていた。

え？　泣く？

まったく予想外の展開だった。映画は何も変わっていないのに、公開当時は腹が立ち、今では泣きたくなるなんて。

時がたって再び観た『花様年華』は、完全に別の映画だった。主人公たちの感情の一つひとつが痛いほど感じられた。近づけない気持ちというのがどういうものなのか、わかりすぎるくらいに共感できて涙が出た。

当時の僕は、なぜ二人の間には何事も起こらなかったのか不思議でならなかった。これほどまでに多くの感情が渦巻いているのに。

「絶対に、絶対に一線を越えたくない。私たちは彼らとは違う」

何事をも越えるのが本当の愛だと僕らは考えるが、時には愛よりもっと大事なこともあるということ、いや、一線を越えないことで守れる愛もあるということを知る。不倫という名で愛を汚さぬように。彼らとは違うということを証明するために。

ひょっとしたら本当に勇気がなかっただけなのかもしれない。だけど、そのためらいでさえ美しく感じるのはなぜだろう。

不快な経験こそ、人生を輝かせる

香水を作るとき、〝インドール〟という化学物質を配合するという。インドールは不快な悪臭で、糞尿臭とも言われている。僕も嗅いだことがあるが、確かに気持ちのいい臭いでないのは間違いない。

こんな悪臭を香水に配合するのはなぜかというと、不思議なことにこのインドールを低濃度に希釈して香水に混ぜた途端に、平凡だった香りが生き生きとした香りに変化するからだ。

配合前は何の変哲もない花の香りだったのに、配合後は本物の生花のような生っぽい香りを醸し出す。かすかな悪臭が、より一層のリアルさを追加してくれるというわけだ。

20年前の僕と今の僕。その間、僕は変化した。以前理解できなかった感情を理解できるくらいに人間味が増した。

すべてが思い通りに進んでいたら、きっとこの映画は永遠に理解できなかったかもしれない。

たくさんの挫折、別れ、後悔、痛み、怒り、自責……決して楽しくはなかった経験が積み重なって、真実の何たるかを知りうるようになった僕がいる。

その瞬間はなくなればいいのにと思っていた感情やさまざまな出来事が、今、人生を生き生きとさせている。

あらゆる逆境を乗り越えて、ついに二人は末長く幸せに暮らしましたとさ、なんていうストーリーにはもう感動できない。間違いなくスカッとする終わり方だが、もはやファンタジーとしか感じられない。

今、美しいと感じられるのは、じたばたし、ためらい、後悔すると知りながらも結局は背を向けて胸の内にしまい込むようなストーリーだ。そんな物語からは、リアルな香りが漂う。¶

何度見たって
全然飽きない

友達は少ないに限るよ

少し前に衣類乾燥機を買った。お金もないし、ないと困るものでもないからと長いこと購入をためらっていたのだが、使い始めてみたらこれがもう新世界。今では乾燥機のない生活なんて想像もできない。

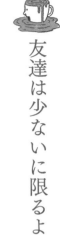

実にいい買い物をした。確実に暮らしがよくなった。これも発展の一種だ。誇らしいじゃないか。

ところでどういうわけか、手放しで喜べないふしもある。暮らしが向上していくにつれ、不安もともに大きくなる。特に図体のでかい家具や家電を買うと、その不安はより一層大きくなる。

気に入った服を見つけたときも気軽に手を出せない。一番の理由は価格だが、手ごろな価格であってもサッと買うことができず、ひとしきり悩んでしまう。

なぜかといえば、服が増えるのが嫌なのだ。それでも誘惑に負けて購入してしまったなら、家にある服のうち、たいして着ていない服を捨てて一定の空間を維持するまでは落ち着かない。

これは一体どういうわけだろう？

持ち物が増えることは、うれしいと同時に心のどこかが息苦しい。

このたくさんのモノをずっともち続けることができるのか？

あとで事情が変わって狭い家に引っ越すことになったらどうするのか？

心の奥深くに潜んでいるこんな恐怖が、むやみに暴走しないようにブレーキをかけてくる。

こういうのもミニマリズムって言えるのだろうか？

違うな。こんな貧乏くさいミニマリズムがどこにあるんだ。

ただ、器が小さいだけだ。


モノについての僕の態度がミニマリズムかどうかは悩ましいが、ミニマリズムを追求している分野があるにはある。

それは人間関係だ。

人間関係は少なければ少ないほどいい、という確固たる信念がある。

世間では、人脈が財産だなんていわれる。人脈を通してより広い世界に出会ったり、新しいチャンスをつかんだりしようとする人もいる。

僕だって御多分にもれず、財産を増やそうと躍起になっていた時代があった。

でも、それに楽しみを見出せなかった。むしろストレスだけが増えた。

これもまた、僕の器のせいだろうか。溢れるほどの人間関係を維持することがストレスだった。

どうしてそんなふうに生きていたんだろう？

考えてみたら誰かに助けてもらうことも好きじゃないし、助けるのも好きじゃない。できるだけ一人で解決しようという主義だ。

もともと人脈を活用する考えもなかったのに、「ひょっとすると……」なんて下心を出して関係を結び、維持しようとエネルギーを無駄使いしていた。疲れるに決まっている。

意味のない人脈は不良債権

「つながっておくといい人だよ」

最近、誰かを紹介されるときにたまに耳にする言葉だ。以前だったら、いちいち気に障っていたのだが、最近は腹の中でこう思うだけだ。

「それで？」

「つながっておくといい人」とは、何かと使える人だからこの関係を大事にしろということだ。

そういう人には最低限の礼儀は尽くすが、こちらからやたらぺこぺこしたりはしない。何度か経験したが、そんなふうに紹介された人と後日連絡を取り合うことも、助けてもらったこともない。

誰からの助けも必要ないという傲慢さではない。

助けてもらう目的で人をストックするようなことはしたくない。

可能性とチャンスで広がっていく大きな世界より、ストレスの少ない小さな井戸の中のほうがいい。

やっぱり器が小さいのかも。

でも小さくたって何だって、人は生まれもったままに生きるのが自然だと思う。

僕には今のやり方がしっくりくる。僕にとって人間関係はいつでも難しい宿題だったから、そこそこでやっていくことにした。

人間関係に多くの時間とエネルギーを注ぐと疲れてしまうので、今は一人ぼっちになってやろうという清々しい気持ちで生きている。そういう気持ちでいると、人間関係の煩わしさに大きく巻き込まれることはなくなる。

現代人の必須アイテムであるカカオトークやＬＩＮＥのようなメッセージアプリも使わない。方々からいい加減ダウンロードしてくれと言われるが、全然気にならない。

理由は簡単。疲れるから。必要以上に誰かとつながっているという感覚だけで疲れる。

こんなふうに生きていたら人間関係が全部切れてしまうかもしれない。

そうなっても仕方ないだろう。自業自得だ。

人間関係なんて二の次だ

ちょっと身勝手に聞こえるかもしれないけど、僕はまず自分が第一だから、人間関係は二の次だ。

自分がちゃんと立てていないと、人間関係だって意味をなさない。僕がまずちゃんと生きなくちゃ何事も始まらない。

自分にとって苦しいだけの人間関係を無理して続ける必要があるだろうか？

そんな関係なら、切ってしまったほうがいいと思う。まあ、もちろん誰にでもおすすめできる生き方ではないかもしれないが。


こうやって文章にしてみると、僕って実に憎たらしいやつだな。こんな偏屈野郎のそばにいてくれる人たちには感謝しかない。

どんなにクールぶったところで、本気で一人で生きていけるとか、生きていきたいなんて思っていないのだ。（え？）

人間関係に不器用な出来損ないだから、こんな極端なポリシーで生きているというだけだ。


器が小さいのなら、なみなみと注がなければいいだけ。

モノだって人だって、溢れると煩わしい。

素朴に、分相応に暮らしたい。いつでも気軽に、身軽に生きたい。¶

器が小さいから
たくさんは無理だね

妥協した人生もまた、居心地がいい

僕が実家を出たのは30代半ばになってからで、人と比べてもかなり遅いほうだった。その分、一人暮らしへの憧れも強かった。

それまでは、自分の部屋すらもったことがなかった。それは家族全員に言えることで、僕ら一家は誰も自分の空間をもてなかった。

小さい家で肩を寄せ合って暮らすということは、つまりプライバシーなんかないということだ。すべてが共有され、オープンになる。

そうやって生きてきたから、誰にも邪魔されない自分だけの空間、扉を閉めて一人になれる避難所を切望してきた。

「ああ、ようやく自分だけの空間ができた！」

ソウルを離れて仁川《インチョン》の小さな部屋に引っ越した日、少し感激した。賃貸だけど自力で自分の城を得た自分が誇らしかった。

すべてにおいて人様より遅れてきたけど、こんな小さな部屋を借りるまでもずいぶんと時間が掛かったなあ……。

しばし感激したのち、すぐに解決せねばならない宿題を思い出した。

インテリアだ。僕にはずっと描いてきた部屋のイメージがあった。

「自分だけの空間ができたらおしゃれに飾りたい。僕の好きなもので埋めるんだ」

こんなときのために、ネットサーフィンしていて気に入ったインテリアの画像があれば保存してきた。

ついにあのストックが役に立つときが来た。誰にも負けないカッコいい空間を作るぞ……!

しかし、家具を物色し始めてすぐ、その思いはあっけなく砕かれた。一人暮らしに必要なものとは、5人家族の量と大差がなかったのだ。

買わなければならないものが多すぎた。小さな食器からキッチン用品、各種家電、ハンガー、家具、寝具、物干し竿、カーテン……きりがない。

たった一人が生存していくためにこんなにも多くのものが必要だなんて。いつも足りないと思ってきた実家暮らしでさえ、十分に備わっている状態だったという事実に気がついた。

実家を出た僕は何ももっていない。何から何までそろえなければならない。それには予算がまったく足りなかった。

だけど目だけはちゃっかり肥えていたから、欲しいと思うものは全部高額だった。身の程もわきまえず、ドイツの巨匠ディーター・ラムスのプロダクトを狙っていたんだなんて……。僕に買えるのはせいぜい低価格の組み立て式家具が関の山だった。

結局、ベッドを買う予算もなく、どうにか買えたマットレスを床に敷いてしのぐありさまだった。やれやれだ。

ここまで来てもまたお金の問題か。良いセンスをもつことは誰でもできるが、それを実現できるかどうかはまったく別の領域の問題だと思い知らされた。

僕が購入することになったものたちは、僕の好みとはかけ離れていた。好みじゃない食器を買い、好みじゃないハンガーを買い、好みじゃない家具を買った。

選択肢がなかったのだから仕方ない。理想を実現するために銀行を襲うわけにもいかない。というわけだから、僕の部屋を見てもイケてないと笑わないでほしい。

人生初の城づくりをしてみて、僕は一つの結論に達した。

「インテリアは妥協である」

本当に妥協の連続だった。たくさんのあきらめを余儀なくされた。理想と現実の狭間では、いつも当然のように葛藤が起きる。

✧完璧じゃなくても、悪くないね

映画『フランシス・ハ』の主人公フランシスは27歳のニューヨーカーだ。彼女の夢はモダンダンサーとして成功し、「世界を征服すること」だったが、現実はバレエカンパニーの研究生止まりで苦戦している。フランシスは、夢は大きいがどう見ても才能がなさそうだった。

そうこうしているうちに研究生からも外されて、彼女は行き場を失くしてしまう。見かねたプロデューサーから、バレエカンパニーの事務職に就かないかと提案されるが、それもあっさりと断る。私にもプライドがある。ダンサーを夢見る人間に事務職を勧めるなんて、と。

このフランシスが、劇中ずっと居を転々とする。苦しい懐事情のせいだ。あるときはシェアハウス、またあるときは田舎の両親の家に身を寄せる。かと思えば、自分が卒業した大学の寄宿舎の部屋を借りて住んだりもする。

定住することなく転々とする姿が、まるで青春の不安定さを可視化したように映った。定められた場所もなく、何もかもが混沌とした若さのど真ん中で、彼女は安住の地を探せるのだろうか。

映画の終盤、フランシスは、結局バレエカンパニーの事務職の話を受け入れる。ダンサーとしての道はあきらめるが、振付師として自分の作品を舞台にかけるようになる。

そして、ついには家も手に入れる。誰ともシェアすることもなく、気を使わなくてもいい、自分だけの空間を。フランシスはまるで居場所を見つけたような幸せな表情で自分の部屋を見渡したあと、紙に自分の名前を書く。

FRANCES HALLADAY

その紙を郵便受けのネームプレートに差し込もうとするが、枠よりも紙のほうが長すぎて後半を折り曲げて無理やり収めた。

そうして郵便受けには〝FRANCES HA〟という名前が差し込まれたまま、映画はジ・エンドとなる。

映画のタイトルがなぜ『フランシス・ハ』なのかを最後に明かすエンディングを見ていたら、さまざまな感情が押し寄せてきた。

彼女のこの人生を失敗だなんて誰が言えるだろうか？

この物語は失敗談じゃない。成功談だ。僕らの誰もが経験しなければならない成長の物語である。

すべてが自分の望み通りじゃなかったとしても、短く折り曲げられた名前のように完全じゃない姿であっても、時には与えられた枠（現実）に自分を合わせる柔軟さが必要であるということだ。

自分の居場所とは、そうやって妥協しながら作り上げていくものではないだろうか。


再びインテリアの話に戻るけど、僕の理想とはかけ離れた姿になった部屋を見渡してみて思ったのは「うん、悪くないね」だった。

どう転んだってちょっとバラバラのこじんまりとしたこの場所が、これから僕が生きていく空間だ。楽しい場所に呼び出されたって、僕が休息する場所はこの家だけである。

ああ、愛しい僕の部屋よ。僕もフランシスのようにほんのちょっぴり成長したようだった。¶

JUST FIT

Fin.

著者・訳者紹介

文・イラスト **ハ・ワン**

本業はイラストレーター。イラストだけでは食べていけないとエッセイを書き始める。さまざまな本にイラストを提供しながら、エッセイ『あやうく一生懸命生きるところだった』を書いた。イラストよりエッセイのほうが売れて若干複雑だが、それでも生きていけているからありがたい。かくなる上は、書き続けるのみ。怖いもの知らずで2冊目を上梓してしまう。

訳 **岡崎暢子**（おかざき・のぶこ）

韓日翻訳家・編集者。1973年生まれ。韓国人留学生向けフリーペーパーや韓国語学習誌、韓流ムック、翻訳書籍などの編集を手掛けながら翻訳に携わる。訳書に『あやうく一生懸命生きるところだった』（ダイヤモンド社）、『頑張りすぎずに、気楽に　お互いが幸せに生きるためのバランスを探して』（ワニブックス）、『1㎝ダイビング　自分だけの小さな幸せの見つけ方』（宝島社）など。

今日も言い訳しながら生きてます

2021年1月26日　第1刷発行

著　者――ハ・ワン
訳　者――岡崎 暢子
発行所――ダイヤモンド社
〒150-8409　東京都渋谷区神宮前6-12-17
https://www.diamond.co.jp/
電話／03･5778･7233（編集）　03･5778･7240（販売）
装丁――――杉山健太郎
本文DTP――梅里珠美（北路社）
製作進行――ダイヤモンド・グラフィック社
校正――――加藤義廣（小柳商店）
印刷／製本―勇進印刷
編集担当――畑下裕貴

ISBN 978-4-478-11171-0